Edité par BoD, 12/14 rond-point des Champs Elysées, 75008 Paris.
ISBN : 978 232 203 2 839
© août 2013 y compris les illustrations :
Engelbertus G. P. van den Heuvel Ezn
Le Code de la propriété intellectuelle interdit les copies ou reproductions destinées à une utilisation collective. Toute représentation ou reproduction intégrale ou partielle faite par quelque procédé que se soit, sans le consentement de l'auteur ou de ses ayant cause, est illicite et constitue une contrefaçon, aux termes des articles L.335-2 et suivants du code de la propriété intellectuelle.
Histoires basées d'après des événements vécus. Toutefois, les ressemblances avec des personnes existantes ou ayant existé seraient fortuites ...
Imprimé en Allemagne - Printed in Germany
par BoD GmbH, Gutenbergring 53, D-22848, Norderstedt.
Dépôt légal : août 2013
Édité par BoD, 12/14 rond-point des Champs Elysées,

des mots en cafouille II

À tous ceux et toutes celles qui savent que je les aime.
À tous ceux et toutes celles qui ne le savent pas encore.

BERTUS van den HEUVEL

des Mots en Cafouille II

Petites histoires d'une vie ordinaire

Collection
VDH

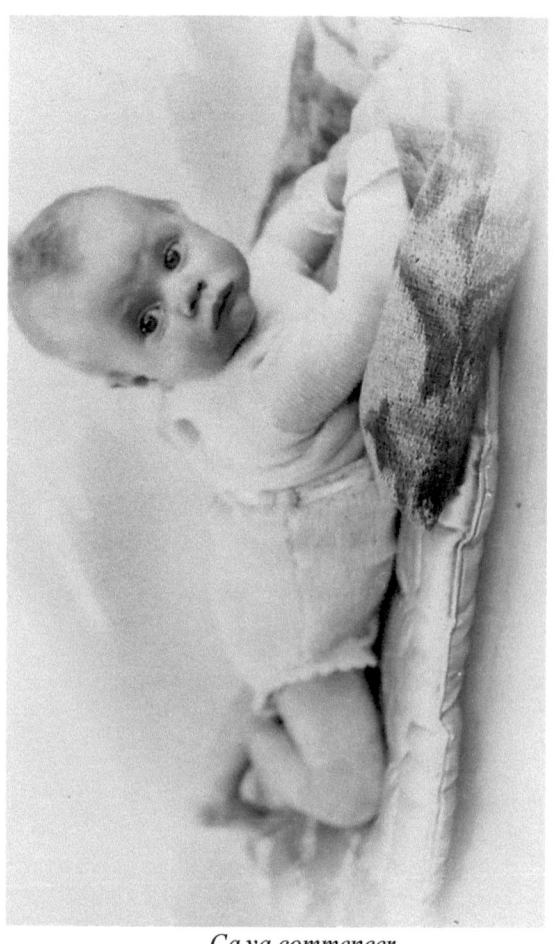

Ça va commencer....

J'arrive !

Ma mère m'accouchait à dix heures le soir. Mon poids avoisinait les quatre kilos. L'après-midi, elle travaillait encore au buffet de la gare d'Utrecht.

C'était en septembre 1942. Elle était serveuse et spécialement au poste de café. Ce breuvage était, comme c'était l'usage, conservé dans un grand récipient, une sorte de super-thermos qui gardait le café au chaud. Pour servir, il suffisait d'ouvrir un robinet.
Ces derniers temps, elle était affectée à la plonge pour camoufler son ventre.

Mon père s'occupait de ses affaires. Il était beaucoup plus sain pour lui de ne pas trop se montrer. Il n'avait nullement envie de se faire enrôler d'office comme travailleur volontaire en Allemagne.
C'était la guerre. Ma famille du côté de mon père se scindait en deux camps. L'un était plus ou moins dans la collaboration avec les allemands, l'autre, dont mon père, était plus ou moins dans une sorte de résistance, voire désobéissance. Malgré tous ces faits, les contacts n'ont jamais été interrompus.
Les frères et sœurs de mon père et lui-même faisaient semblant d'ignorer les opinions et activités de l'autre pour ne pas éclater la famille.

Du côté de ma mère, il n'y a pas grand-chose à dire. La famille faisait partie de la Hollande profonde. Mon grand-père exerçait le métier de cordonnier-sabotier. Il se disait communiste avant la guerre. Il se disait rien du tout pendant la guerre parce que grand-mère l'avait exigé. Même à la campagne, les murs avaient de grandes oreilles. Déjà, la grand-mère paternelle de ma grand-mère était juive. Chose qu'il valait mieux ne pas faire savoir par les temps qui couraient.
Mon grand-père paternel était riche, très riche jusqu'à la fin des

années trente. Ses ancêtres étaient mariniers et propriétaires de péniches. Mon grand-père avait reçu en héritage sa part du gâteau, c'est-à-dire une trentaine de péniches, un commerce de charbon, un café-restaurant et quelques immeubles autour de son domicile.

Mon père ainsi que ses frères et sœurs n'avaient pas à se soucier. Ils pouvaient obtenir ou acheter presque tout ce qu'ils désiraient. Grand-mère avait des bonnes pour l'aider à gérer la maison et à faire des gâteries à mon grand-père.

Et des gâteries, il aimait bien. C'est à cause de ses activités extraconjugales qu'il avait perdu sa fortune et en même temps la dot considérable apportée par ma grand-mère.

Ils divorcèrent en 1941 (sa maîtresse était enceinte pour la deuxième fois de lui) et il mourut dans les années soixante-dix à bien plus de 90 ans. Il avait survécu à ma grand-mère de vingt ans.

Mon père qui adorait sa mère, cessa de parler avec son père au moment du divorce.

Il rencontra ma mère, copine et collègue de travail de sa petite sœur de dix ans sa cadette. Il en était tombé amoureux, et il avait juré de ne plus se saouler avec ses potes, puis ils se marièrent quelques mois plus tard.

Dix mois après, c'était l'heure de prendre mon rôle sur ce bas monde.

L'accouchement fut difficile. Ma mère en a gardé des séquelles. Toute possibilité d'avoir d'autres enfants lui a été ôtée. C'est pour cela que je suis resté enfant unique à mon plus grand regret. J'aurais bien voulu avoir une sœur ou un frère aujourd'hui. D'ailleurs, je crois, mes parents aussi.

Portiek

Nous habitions à proximité de la gare. Ma mère, pour aller travailler n'avait que quelques minutes à marcher. Le fait d'habiter près de la gare, pouvait être dangereux, ce qui se transforma en réalité, lors des bombardements des avions alliés en hiver 44-45. Les déflagrations étaient si fortes que le quartier et les maisons autour, tremblaient sur leurs fondations. Nous n'avions pas d'abri pour nous cacher. La maison paraissait assez robuste pour ne pas trop s'inquiéter. Jusqu'à ce qu'une bombe tombe à coté de la gare, plus près de nous. Je dormais dans ma chambre, mes parents étaient dans la salle de séjour. Les sirènes hurlaient, mes parents s'apprêtaient d'aller dans ma chambre pour s'y abriter. Ma chambre était la seule pièce avec des poutres et traverses en béton armé.

Le chien, qui s'appelait Portiek, parce qu'il se couchait toujours près de la porte, était déjà dans ma chambre. Tout content de me voir, il sauta sur mon lit, comme de coutume, pour me faire la fête.
C'est comme ça que Portiek m'a sauvé. A ce moment, une énorme plaque de plâtre s'est détachée pour atterrir sur moi.
Portiek était plus au moins couché sur moi et avait amorti le choc. Il était blessé au dos et saignait.

Ma mère insista pour que nous déménagions sur le champ. Tant pis pour le jardin et les facilités de travail. D'ailleurs, le buffet de la gare était partiellement détruit et fermé pour un temps indéterminé. En plus, il n'y avait pratiquement que des allemands qui y venaient. Les hollandais avaient faim et pas les moyens de se procurer la nourriture de base. Alors le buffet était pour les collabos et allemands associés.
Deux jours après, mon père avait trouvé un appartement loin de la gare. Nous étions au troisième étage avec le bénéfice d'un grenier.
Mon père avait soigné Portiek, il allait mieux, sauf qu'il boiterait le restant de sa vie.

Le cochon

De mon temps de bébé, il ne me reste comme souvenir qu'une photographie où on m'exposait sur un petit matelas. Je devais avoir environ un an.
Mes parents m'appelaient « Humpy ». C'est du patois hollandais qui veut dire « petit bout » ou « petit bonhomme ».
L'autre souvenir est partiel. C'est une de mes tantes, sœur de mon père, qui m'a raconté l'histoire.

C'était pendant l'hiver 44-45, il faisait froid et les gens avaient faim. Nous aussi. Ma mère ne travaillait plus au buffet de la gare suite aux bombardements, et nous venions de déménager. Dans notre ancienne maison, partiellement détruite, les trois-quarts des conserves en bocaux sur les étagères de la cuisine étaient tombés à terre, et cassés.
Les allemands en colère par leurs défaites en France et ailleurs étaient toujours en Hollande et exerçaient d'avantage de terreur.
Les paysans qui avaient encore de quoi manger étaient forcés de nourrir les soldats au détriment d'eux-mêmes et des autres hollandais. Ou bien il y avait des gens qui gardaient la nourriture pour eux ou faisaient du commerce à des prix et exigences exorbitantes.
Mon père connaissait un cuisinier qui travaillait contre son gré dans la cuisine des soldats allemands. Il était chef dans un grand restaurant avant la guerre et son talent était reconnu. La kommandantur avait mis le grappin dessus, soit il partait en Allemagne comme travailleur volontaire, soit il restait avec sa famille et il exerçait dans la cuisine des officiers allemand.
Il nous filait de quoi manger, comme à d'autres amis et familles mais c'était restreint pour ne pas se faire remarquer.
Jusqu'au jour, lors d'un arrivage de cochons confisqués et prêts à être tués et découpés, où le comptage des bêtes était fait par un soldat visiblement troublé par l'alcool, il avait compté un cochon en moins.
Le cuistot se trouvait donc avec un cochon de trop en rapport de l'inventaire des allemands.
Il fallait agir rapidement. Vite, il envoya un message à mon père en lui demandant de venir entre six et sept heures le soir.
Les allemands étaient à cette heure à table et la cuisine quasi sans surveillance.
Il tua le cochon et le mit dans un sac en jute assez grand pour contenir le cochon qui pesait quand même quelques quatre-vingt kilos.
Mon père hissait le sac sur son dos et partait en courant aussi vite qu'il pouvait. Nous habitions à peu près à quatre cents mètres.
Immédiatement, il transporta la bête au grenier pour faire la découpe sans se faire remarquer. C'est à ce moment que je suis monté aussi pour voir ce que mon père faisait. J'avais deux ans et demi.
J'ai vu mon père avec du sang sur lui, une bassine avec un liquide rouge, et une hache dans ses mains prêt à l'abattre sur le cochon. Il

n'avait pas le matériel adéquat.

Quand j'ai vu ça, j'ai fait demi-tour et arrivé dans la cuisine, j'ai hurlé dans un langage heureusement peu compréhensible en dehors de ma mère, que là-haut il y avait un cochon mort. Et que papa avait tué.

Ma mère souriait gênée, me prenait dans ses bras et me disait avec une voix claire que tout le monde doit mourir un jour.

Dans la cuisine, il y avait la voisine qui venait tous les jours pour voir ce que nous buvions, du vrai café ou des céréales torréfiées dans la poêle.

Son mari était un véritable volontaire en Allemagne. Elle avait peur, et elle était trop faible et dangereuse pour être complice.

Ma mère lui expliqua que notre chien n'était pas bien et allait peut-être mourir. Il avait faim aussi. Notre voisine aimait beaucoup les chiens. Elle nous quitta en nous gratifiant d'un sourire.

Le cochon, à défaut de réfrigérateur, était découpé, cuit et mis en bocaux. Pendant plusieurs semaines, la famille et les amis vinrent manger à la maison.

La contrebande

Après la guerre, mon père importa clandestinement des couteaux et ciseaux de l'Allemagne. J'ai toujours trouvé ça étrange qu'un pays vaincu comme l'Allemagne pouvait avoir des biens qui manquaient dans un pays comme la Hollande, vidé et essoré de quasi tous ces biens, et que l'importation était interdite ou trop réglementée. La Hollande était sous le régime d'un plan américain, et ma mère achetait ses courses avec les tickets de rationnement.

Maman amenait les marchandises en Hollande. Elle partait en Allemagne avec mon père visiter de la famille vaguement alliée par des mariages depuis la nuit des temps.

Accessoirement, le « tonton » travaillait dans l'usine de Solingen comme contrôleur de qualité. C'était là le business. Toute marchandise déclarée inapte selon les critères du cahier des charges était destinée à la refonte. Tonton en avait la responsabilité.

Compte-tenu de son statut de cadre, il pouvait entrer et sortir comme bon lui semblait. Chaque fois qu'il sortait de l'usine, il emportait des poches pleines de marchandises. Le soir, il remplissait sa gamelle et son bidon d'eau en aluminium.

Mes parents venaient environ une fois par mois en faisant du stop. L'affaire était rentable, aussi nous avions même déménagé à Enchedé une ville près de la frontière allemande.

Ma mère avait autour de la taille des bandes de tissu avec des petites poches pour y mettre les couteaux et des ciseaux.

Plusieurs fois tournées autour de sa taille, elle avait mine de femme enceinte prête à accoucher.

Elle était fatiguée. Porter des dizaines de kilos sur le ventre pendant plus de huit heures était un exploit. Mon père la soutenait comme il pouvait. Lors du passage à la douane, les douaniers lui exprimaient leur sympathie, et jamais mes parents n'ont été inquiétés.

Ils avaient utilisé ce manège sept fois en changeant de poste de douane.

Ma mère ne pouvait pas rester enceinte et au point d'accoucher pendant des mois !

L'affaire se termina quand ils furent arrêtés par un douanier heureusement un peu moins zélé que ses collègues. Il avait compris ce que ma mère portait. Il avait pris mon père en confidence, l'avait mis en garde et lui conseillait d'arrêter leur activité. Puis il avait laissé partir mes parents avec la marchandise. Il n'avait rien voulu avoir en contrepartie de sa gentillesse.

Ma mère par peur des conséquences refusa de continuer.

Humpy grandit

Mes premières années d'école, c'était à Enchedé. L'école maternelle n'existait pas dans ces années, aussi je rentrais directement en première du primaire. L'équivalent du CP en France. Le maître était venu nous voir au mois d'août, comme il faisait avec tous ses élèves.
Il était jeune, à peine vingt ans. Grand sportif, il jouait au foot dans le club de la commune.
Malgré son jeune âge, il était respecté par les parents et les élèves. Bâti comme un roc, presque deux mètres, adepte de culture physique

il en imposait partout.

Il était le fils de l'un des copains de mon père. Mécanicien auto doué, il acheta et revendait des véhicules d'occasion. C'est là où mon père intervenait. C'était le « chef » vendeur. Moi j'aimais bien, au moins une fois par semaine mon père venait avec une autre voiture. Il emmenait sa petite famille pour faire un tour en campagne et en même temps il paradait devant le voisinage pour détecter un nouveau client.

12 ans

La plupart des autos datait d'avant-guerre. Parfois décapotable, souvent à deux places devant et le coffre arrière qui s'ouvrait en abritant deux petites places à l'air libre. Dans ce cas, ma place était dans le coffre.

Ma mère était moins contente des occupations professionnelles de mon père, parce que les sous ne rentraient pas régulièrement. Il y avait des semaines de réjouissances et d'autres limitées à des soupes maigres. Il faut dire que mon père n'avait pas le souci de l'argent. Ma mère était plus économe. C'est à ce moment qu'elle prit le porte-monnaie familial sous sa garde. Les soupes étaient devenues moins maigres.

Après un passage dans une fabrique de pneus et l'emploi de portier dans un cabaret à Utrecht, mon père s'était lancé dans le commerce d'articles de décoration. Entre temps nous avions re-déménagé vers ma ville de naissance.

Ma jeunesse était comme beaucoup à l'époque. J'étais dans une école privée avec la bible. Mes parents ne fréquentaient pas l'église mais avaient opté pour cette école pour ses méthodes d'enseignement assez strictes. C'était à partir de la quatrième classe (CM1). L'école primaire avait en ces temps-là, six classes, de la première à la sixième. Le début du collège correspondait avec la septième classe d'une carrière scolaire. (cinquième du collège en France)

Malgré les punitions de règle carrée en bois qui tombait énergiquement sur les pointes des doigts, j'aimais bien l'école. Il y

avait une sorte de solidarité entre nous. Et en plus, le primaire et le collège étaient mixtes, ce qui était une exception pour l'époque.
J'aimais beaucoup les filles. Déjà dans mes premières années d'école, je construisais des maisons de poupée pour mes copines pendant que mes copains recevaient des bisous.
C'était d'une injustice flagrante.
Au collège, à partir de douze ans, je n'étais plus dans la construction de maisons de poupée. Les copines n'étaient plus intéressées. Et bien que je fusse un as dans le « tourner » de la corde à sauter, je n'étais pas la vedette des filles de l'école.
La vedette c'était plutôt Corey, fils d'un tenancier de cabaret plus ou moins lugubre et peut-être d'une maison close.
Il était franchement beau, il avait de l'argent en billets et distribuait la monnaie autour de lui. Tous les matins, son père l'accompagnait à l'école avec sa grosse voiture américaine décapotable.
Comment s'opposer à lui et ses moyens. C'était impossible.
Nous autres, nous nous contentions des miettes et de son bien vouloir.
Il était déjà un vrai maquereau. Pour embrasser une fille, il fallait mieux passer par lui. Même si la fille n'avait rien à voir avec lui, son aval valait un sauf-conduit pour ne pas se faire tabasser par quelques brutes de son équipe. Le directeur avait un faible certain pour Corey. Chaque année divers travaux ont été réalisés grâce à des dons de papa.
A la maison, ma mère faisait office de pension de famille.
Mon père, connaissait pas mal d'artistes de music-hall, par le fait qu'il était portier d'une salle de spectacle.
Il leur proposait de venir loger chez nous pour un prix très sage.
La cuisine de ma mère faisait merveille, et rapidement nous refusions du monde. Nous n'avions que trois chambres de libre à un ou deux lits.
C'était assez sympa, sauf que je n'avais pas le droit de faire du bruit jusqu'à deux heures de l'après-midi. Nos pensionnaires travaillaient tard dans la nuit. Celle dont je me souviens le plus c'était Olga, une allemande qui avait suivi son amoureux hollandais à son retour du travail obligatoire durant la guerre. Elle avait gagné la nationalité hollandaise par mariage. Quelques mois après, son mari tomba amoureux d'une autre. Olga était obligée de travailler pour subvenir à ses besoins. La seule chose qu'elle savait faire, c'était pousser la

chansonnette. Elle parlait admirablement bien notre langue, et quasiment sans accent.
La télé n'existait pas encore dans les foyers. La famille se donnait dans ce temps de jouer, s'amuser ensemble. Le soir, j'avais le droit d'accompagner Olga avec mon accordéon pour ses répétitions et autres vocalises avant de faire son spectacle vers une heure le matin.
Je n'étais pas un virtuose avec mon accordéon, mais je connaissais la plupart des chansons à la mode. Et si je ne connaissais pas, je jouais uniquement les basses pour donner le rythme.
Mon père avait loué mon accordéon à clavier à mon prof de musique. Il était un virtuose de l'accordéon. Il avait aussi inventé une méthode d'apprendre rapidement à jouer des airs connus. Le solfège ce serait pour plus tard.
La salle de spectacle fermait quelques temps après pour cause de conformité en matière de sécurité. Le pensionnat de ma mère était fini en même temps. Mon père perdit son boulot.
Moi, mon accordéon.

Ado

A mon adolescence, j'avais des problèmes avec mon égo comme beaucoup. Quand ma mère me disait d'aller chez le coiffeur, je n'y allais pas. J'aimais avoir les cheveux assez longs et plaqués avec de la brillantine en arrière.
Ma mère me voyait plutôt avec une coupe de cheveux style pot de fleurs. Jusqu'au jour où je m'étais fait raser la tête. J'étais chauve.
Aujourd'hui cela ne pose pas de problème. Mais à l'époque, c'était un choc.
Je la vois encore, ma pauvre maman dès que j'ai ouvert la porte de la boutique où elle travaillait comme vendeuse. Elle était en conversation avec un client au moment où elle m'a vu. Il y a eut un silence de quelques secondes. Une éternité. Je la regardais et je lui dis :
- J'étais chez le coiffeur, je me suis fait couper les cheveux
Ma mère s'éclata en rires et me répondit :
- C'est très bien mon garçon, je suis certaine que tes camarades à

l'école vont adorer.

Pendant plusieurs semaines, j'ai été obligé d'endurer les remarques de mes potes et de mes professeurs. Et je ne parle même pas des moqueries des filles. Pour moi, il n'y avait plus rien à rigoler.

Pendant mon adolescence, mon père et moi n'avions souvent pas grand-chose à nous dire, nos centres d'intérêts et nos volontés n'avaient pas la même valeur. Certes, mon père et moi nous nous aimions mais nous étions incapables de nous exprimer, de dire des choses en toute simplicité. Chacun était resté dans sa solitude de ne pas savoir crier ou de rire et de vouloir tendre la main pour s'accrocher à l'autre. Lui était mon père, moi l'ado en crise.

15 ans ...

Je pense souvent à ce samedi en juillet quand j'avais presque quinze ans, mon père vendait des objets divers de décoration sur le marché d'Amersfoort. À 20 km de notre domicile. Mon rêve était de pouvoir l'accompagner et faire le marchand. Il n'a jamais voulu me prendre avec lui. C'était ma cousine Mina de trois années mon aînée qui avait la faveur de mon père. Plus utile, qu'il avait dit. D'ailleurs il en était le tuteur légal avec la mère de Mina. « Le marché est un lieu de travail et pas une aire de jeux ».

Ce samedi-là je me suis installé et bien décidé, au bord de la route avec mon pouce pour aller à Amersfoort. Mon père ne me prenait pas ? Que cela ne tienne, j'allais seul et en stop. Puis une fois devant le patriarche, il faudrait bien qu'il me garde. J'étais son fils tout de même !

Je vois encore sa tête quand il m'a vu arriver.
- Tu viens d'où ?
- En stop p'pa
- Eh bien, elle est bien bonne !
- Oui, p'pa …
- Bien, puisque tu es ici, tu nous aideras à emballer. Fais un tour et tu reviens dans deux heures. Je ne veux pas que tu traînes dans mes pattes !

Deux heures après, mon père et ma cousine avaient presque fini l'emballage, mon père avait bien vendu et il lui manquait de la marchandise. Il s'apprêtait à aller boire un café au bistrot avec... bien sûr ma cousine !

Je le suivais, mais arrivé devant la porte d'entrée, il m'expliqua qu'étant donné que j'étais venu en stop, je devrais rentrer aussi en stop. Et pour ne pas perdre de temps, il valait mieux que je parte de suite.

J'avais presque fait cinq km à pied, et personne ne voulait s'arrêter. J'étais assis sur un banc au bord d'un croisement de routes. J'en avais marre, et je me trouvais lamentablement malheureux. Jusqu'à de loin j'ai vu la camionnette bleue de mon père. Je me précipitai au bord de la route pour lui faire signe d'arrêter. La voiture ralentissait et tout en chantonnant j'ai entendu crier :
- Courage, encore quinze bornes et tu es à la maison !

Trois heures après j'étais rentré. Mon père m'expliqua que l'heure du repas étant passée, je devrais attendre le repas du soir. J'avais faim. J'ai pleuré.

Je lui ai jeté à la figure que je ne voulais plus qu'on m'appelle Humpy. Je ne voulais plus être son « petit bout d'homme ». Désormais c'était Bertus. Et rien d'autre. Puis tant pis pour ma mère.

Plus tard, je devais avoir une vingtaine d'années, il m'expliqua que si on veut pousser sa volonté, il faut aller jusqu'au bout et ne pas compter sur les autres. Ma mère m'expliqua qu'elle n'était pas d'accord sur le moment. Mais qu'il devait avoir ses raisons. Elle aimait mon père. C'était son grand amour. A la fin de sa vie, mon père ne supportait plus aucune personne autour de lui sauf ma mère. Il se cramponnait à elle jusqu'à la fin. Cela fait presque quarante années déjà.

Rock 'n Roll, Baby !!

C'était la veille de mon seizième anniversaire. J'étais déjà grand et on me taxait plus que mon âge. Cela avait des avantages et des inconvénients surtout quand tu ne pouvais pas évoquer d'excuses pour les bêtises en rapport de ton âge réel.

L'avantage était, que je pouvais facilement entrer dans les endroits interdits au moins de dix-huit ans et qu'il n'y avait pas de difficulté à draguer les filles un peu plus âgées que soi.
Ce jour-là, mes parents n'étant pas à la maison pour la journée, j'invitai une copine d'un peu plus de dix-huit ans à la maison pour lui faire écouter les derniers tubes de Rock 'n Roll à la mode.
Elle faisait déjà beaucoup plus femme en rapport des copines de mon âge. Les copains qui la connaissaient bien m'avaient dit qu'avec elle, c'était disons abordable. En plus à cet âge, elle l'avait assurément déjà «fait».
Je m'étais tricoté tout un cinéma et j'avais appris par cœur les paroles d'homme à lui dire. C'était certain, une fille comme elle, faut l'aborder avec certes du respect, mais aussi et surtout de l'autorité. Cela inspire l'admiration que la fille peut avoir pour toi. Mes conseillers m'avaient tout expliqué. J'étais armé pour me verser dans l'inconnu. Cet inconnu dont on parlait beaucoup, qui faisait rire les gens qui ne savaient pas trop pourquoi on rit.
Nous écoutions Buddy Holly, étalés sur la moquette douillette dans le salon. Je l'embrassais avec le savoir faire d'un débutant. Elle se laissait faire, puis prenait l'initiative.
Tout était nouveau et rien n'allait comme j'avais imaginé. Je voulais toucher sa poitrine, mais elle avait retenu ma main.
- Tu veux aller où ?
- Rien. Je ne sais pas. Et avec un peu plus de courage, j'ajoutais : cela dépend de toi, je ne veux pas te forcer.
Elle souriait, mais toujours en me tenant la main elle me demandait :
- T'as déjà fait l'amour ?
C'était vache de poser des questions ridicules et vexatoires. Bien sûr que non, que j'avais déjà fait l'amour. Je lui répondis :
- Bien sûr que oui, qu'est-ce que tu crois !
Comme réponse elle lâchait ma main et elle se serrait plus près de moi. Sa jupe et son pettycoat étaient relevés. Elle n'avait pas de culotte. Je n'ai pas pu le faire comme elle souhaitait. Les choses ont été trop apportées sur un plateau.
Visiblement, elle n'avait déjà pas de culotte avant de venir.
Tout était prévu par elle. Ce que j'avais imaginé depuis des jours et des nuits était tombé dans les oubliettes. Et pour couronner le tout, elle m'avait fait :
- Fais gaffe, que tu te retires à temps. Je n'ai pas envie de tomber

enceinte.
J'avais lu dans un livre pour adultes que c'était possible sauf à certaines périodes. Aussi j'ai pris mon courage en main et je répliquais :
- T'en es certain ? Faut peut être faire le calcul.
- Je te dis de faire gaffe, sinon tu mets quelque chose.
- Quoi ?
- T'es imbécile ou quoi ?
- Ah tu veux dire des euh, des ... enfin je n'en ai pas.
- Alors tu te retires.
Malgré tout, mon corps était trop excité. Beaucoup trop. La livraison était posée sur le tapis. Je ne pouvais pas et je n'avais pas envie de parler.
Elle se levait et avec un
- eh bien toi alors, quand même, pour ton âge tu fais fort.
En plus elle savait mon âge. C'était la honte. Je lui ai dit :
- Au revoir, en fermant la porte derrière elle.
Quelques instants plus tard, je partais aussi. Histoire de trouver mes potes. Pour leur raconter ma vérité. Ils n'avaient pas besoin de savoir que j'avais raté ma virilité.

Avec mon pote Erick

Depuis l'âge de dix ans j'avais conclu un pacte d'amitié sacrée avec Erick. Il a un an de moins que moi. Erick n'avait pas de copains sauf peut-être à son école. Les parents de ses copains d'école et au-delà, ne souhaitaient pas que leurs enfants fréquentent un enfant de la honte. Bien sûr le pauvre Erick n'y était pour rien, mais sa mère n'était évidemment pas fréquentable. Tant que les enfants se voyaient à l'école, il n'y avait pas de problème. Les parents n'avaient pas accès à la cour de récréation.
La guerre était finie depuis seulement 10 ans quant j'ai lié amitié avec lui. Pour beaucoup, les événements étaient encore trop frais dans la mémoire.
Je ne comprenais rien à ces choses. Ma mère m'expliquait que le père d'Erick, c'était un Allemand. Sa mère s'était même mariée avec

lui. C'est pour ça qu'Erick porte le nom à intonation allemande de son père.

J'estimais que les adultes sur ce point-là étaient stupides. Erick n'avait rien à voir avec cette histoire, et puis sa mère était bien gentille. La guerre était finie, il n'y avait pas besoin d'en ajouter.

Erick m'avait expliqué plus tard que son père a été tué en Russie. Sa mère s'était remariée avec un Hollandais après la guerre. C'était son nouveau père, son beau-père. Il n'avait pas inventé le fil à couper le beurre, mais il était gentil quand il ne buvait pas.

Avec Erick on fréquentait une sorte de snack-bar, dont le proprio était également vendeur de lait frais des vaches de son frère, de divers fromages et du beurre qu'il fabriquait lui-même en concert avec sa femme et sa fille aînée. Elle avait notre âge mais au demeurant peu fréquentable parce que stupide et trop fière.

Il était un virtuose à confectionner des loempias (une sorte de nem géant), des fricadelles, des boulettes de riz frites, des saucisses et autres snacks de ce genre.

Il n'y avait pas encore des parts de poulets, mais cela était en prévision. Sa famille n'avait pas de poulets de chair. Seulement des poules à pondre. Il vendait des œufs durs.

Beaucoup d'œufs durs.

En effet, il inventa le championnat de mangeur d'œufs durs. Celui qui gagnait le titre devait engloutir le plus grand nombre d'œufs en douze minutes….

1958 Moulin d'Utrecht, Graineterie Korevaar

Les œufs étaient payants, les boissons gratuites pendant l'engloutissement. Le nombre de participants a été fixé à six. Il y avait un tirage au sort des volontaires à subir une crise de foie quasi certaine.

J'avais dix-sept ans et j'étais volontaire. Le sort m'avait désigné dans l'équipe de six futurs champions probables. Le gagnant se voit annuler l'ardoise des œufs mangés, montant partagé entre les cinq perdants. Au bout de sept minutes, j'étais en tête avec une légère

avance de trois œufs. Mon ami Erick était également de la fête. Il affichait courageusement la deuxième position.
J'avais la gorge sèche et gonflée, au moins l'impression de tout cela. Un verre de lait frais aidait à mieux engloutir.
A dix minutes, Erick était en tête avec un demi œuf... Il cala au bout de onze minutes et galopa aux toilettes pour régler le trop plein.
Les autres avaient déjà jeté l'éponge : je restais seul en compétition.
J'étais déclaré champion au bout de douze minutes avec cinquante et un œufs dans le ventre arrosés de trois verres de lait et malade à crever. On m'avait dit qu'il ne faut pas boire de la bière ou du soda parce que ça fermente.
Une heure après, j'étais aux toilettes pour soulager mes intestins. Même moi, je me sentais mal avec l'odeur que je dégageais.
Je n'ai plus mangé d'œufs pendant des mois et des mois.

L'été, pendant les vacances, mon ami Erick et moi partions ensemble quelques semaines en vélo. Nous dormions souvent chez un paysan dans le foin ou la paille. En général, nous faisions environ cinquante km par jour. Pas en ligne directe mais au gré de nos envies et rencontres.
Les rencontres, c'était souvent des filles. En effet, nos promenades avaient en dehors de la découverte culturelle et géographique de notre pays, le désir de faire des connaissances.
Ce qui nous intéressait, était le jeu de paroles. De la discussion jaillit la lumière. La lumière fait sourire les gens. Il nous arrivait d'être invités par un paysan pour partager le repas du soir. C'était toujours dans la bonne humeur. Pour nous les citadins, c'était nouveau. Nous découvrions la vie d'une façon différente.
Quelques fois, nous restions un peu plus qu'une simple nuit. Dans la journée, nous aidions un peu notre hôte dans son travail. C'est comme ça que nous avions fait du foin, nettoyé un poulailler, et nourri des cochons. Juste pour notre plaisir de faire autre chose.
Parfois, il y avait des jeunes de notre âge pour faire la fête. Ce n'était pas toujours dans le foin que nous dormions ! Quand même !
Il y n'avait qu'Erick pour s'évader ainsi. Les autres copains nous voyaient comme des curieux. Tant pis pour eux, ils ne sauront jamais ce qui leur avait manqué.

Mon argent de poche, je le gagnais chez un épicier-grainetier qui habitait et exploitait son commerce dans le seul moulin de la ville. Pendant mes vacances scolaires et une partie de mon temps libre, j'étais chargé d'effectuer la livraison des commandes avec une motocyclette Puch équipée d'un dispositif de porte-bagage avec panier en osier devant. Parfois je venais le soir pour aider à transporter les sacs de céréales et farine au premier étage. Le boulot se faisait en partie électrique par une sorte d'ascenseur à cordes. Je devais réceptionner et transporter le sac de bien plus de cinquante kilo à dos vers son emplacement de stockage.

Il m'arrivait aussi de faire le marchand. J'aimais ça. Dans sa boutique, tout était vendu en vrac. Chez lui on pouvait acheter l'huile en petit quantité. La mesure était faite dans des récipients en étain. La farine et autres dérivés des céréales au poids. Même cinquante grammes !

Avec la paye, je pouvais régler les consommations pour une copine que j'avais pêchée avec mon copain Erick lors de nos tours de piste en centre ville. Nous avions toujours le même trajet. D'abord trottoir gauche au niveau de Venetia le marchand de crème glacée à l'italienne, puis jusqu'au croisement aux feux tricolores, traverser, puis retour sur le trottoir de droite. Parfois nous faisions demi-tour si les filles à aborder arrivaient en face de nous.

Les filles se promenaient la plupart du temps par deux. Notre jeux était de s'approcher le plus possible derrière elles en leur adressant quelques mots doux et souvent totalement stupides, accompagnés d'une invitation pour aller déguster un coca ou autre chose.

Ce système n'était pas totalement au point, souvent après avoir tourné pour des prunes une vingtaine de fois nous rentrions bredouille avec une halte à notre snack-bar préféré. Le patron commençait à vendre des quarts de poulet qu'il achetait chez un fermier. C'était à l'époque encore des poulets avec du goût ! Le système d'élevage dit « en batterie » n'était pas encore répandu. J'aimais bien ces morceaux de poulet et sa façon de les préparer. Il cuisait les morceaux d'abord dans un bouillon jusqu'à presque cuits. Après refroidissement, il les badigeonnait avec un mélange d'œuf battu, de crème et d'épices « hot ». Puis il les tournait dans un mélange de chapelure et de farine.

Il gardait ces morceaux dans un endroit fortement réfrigéré pour que la chapelure tienne bien à la chair. Il suffisait de plonger un ou plusieurs morceaux dans l'huile de friture pendant cinq à dix minutes et le tour était joué.

En ce temps, je voyais du business partout. L'histoire des quarts de poulets m'intriguait. Le lendemain, avec la motocyclette de mon patron j'allais faire un tour à la campagne.

Histoire de découvrir des poulets bien en chair et pas trop grands.

Puis j'allais voir le patron du snack et je lui fis une offre en dessous du prix qu'il payait. Il était d'accord pour m'en acheter pour commencer vingt poulets entiers.

Me voilà de retour chez le paysan, qui m'avait gentiment invité dans sa cuisine pour boire le café et lui donner de l'argent.

Le patron du snack m'avait payé d'avance, aussi j'avais de quoi régler le paysan.

Une fois arrivé dans le hangar où logeaient ses poulets, il me fit signe en me disant :

- Voilà les poulets, donne-moi le panier et je te les mets dedans.

Ahuri je le regardais :

- Ils sont vivants !

- Ben oui, encore heureux !

- Mais je croyais que vous me livreriez les poulets déjà plumés et vidés !

- Ah, c'est possible. Il me regardait avec un regard pas trop sympa : Mais pas avant demain. En plus, ce sont tes poulets, il faut les nourrir ce soir, donc il faut que tu me payes la nourriture. Et aussi le frais d'abattage.

Il m'avait fait le calcul, les poulets devenaient trop cher, même plus cher que les poulets achetés par le patron du snack lui-même.

Je décidai de les ramener vivants. Tuer un poulet ne doit pas être sorcier. Déplumer non plus. Et pour le vider on verra bien.

C'est comme ça que j'arrivais chez mon copain Erick. Chez lui au fond du jardin, il y avait un abri pour le matériel de jardinage. Nous avons transporté les poulets enfermés dans le panier de la motocyclette dans l'abri pour commencer le massacre. Je ne savais pas comment tuer un poulet proprement. Erick non plus. Les poulets couraient partout dans l'abri. Et quand sa mère, curieuse de savoir ce qui se passait ouvrit la porte, c'était carrément la catastrophe. Les poulets sortirent de l'abri comme un seul bloc. Il y en avait partout dans le jardin. En plus au bout de quelques minutes, ils commençaient à picorer dans les salades comme si de rien n'y était.

Au bout de deux heures nous avions attrapé les poulets. Le beau-père d'Erick nous avait proposé de les tuer, mais pour le reste je devrais me débrouiller.
C'est comme ça, que chaque fois qu'un poulet a été attrapé, il passait dans les mains du père d'Erick avec son petit canif.
Le soir j'avais ramené les poulets chez le patron. Avec plumes et pas vidés.
Je lui expliquais que c'était la dernière fois. Puis le prix convenu c'était pour des poulets vivants, le fait qu'ils étaient déjà tués c'était un cadeau.
Il n'avait plus souhaité pendant de longues semaines que je vienne dans sa boutique. D'ailleurs je n'en avais pas trop envie non plus.

Affaires de famille

Chez nous, il y avait un esprit de famille. J'étais très entouré par mes tantes et mes oncles. Régulièrement les uns et les autres se rendaient visite pour jouer aux cartes. Je me souviens des parties interminables de canasta ou de belote (klaverjassen). Mon oncle Bram qui venait avec sa caisse de bouteilles de bière d'un demi-litre avec le même système de fermeture qu'un bocal de conserve.
Mes deux cousines préférées étaient Mina et Ansje, les enfants de la sœur de mon père. La même qui a fait connaître sa copine (ma mère) à son frère (mon père).
Ma tante élevait ses filles seule. Leur père était déjà marié et n'avait pas l'intention de changer son état.
Mon père était d'ailleurs le tuteur officiel avec leur mère.
A dix-neuf ans, Mina était amoureuse d'un beau jeune homme, fils d'un diplomate Turc. Il était musulman, mais ne pratiquait pas beaucoup. Il avait trente et un ans et douze années de plus que Mina.
Au bout de quelques mois, la date des fiançailles officielles a été fixée.
Hakim souhaitait présenter Mina d'abord à sa famille en Turquie. Mon père les avait accompagnés à Schiphol près d'Amsterdam pour l'avion.
En premier temps, Mina fut accueillie comme une princesse. Les

femmes de la famille, et elles étaient nombreuses, ne la perdaient pas de vue, pour qu'il ne lui manque rien. Mina communiquait en anglais. Les femmes dans la famille d'Hakim étaient instruites.
L'amoureux était souvent avec ses frères et cousins. Ils avaient à faire, disaient-ils. Mina n'avait plus le droit de sortir sans être accompagnée d'Hakim ou de l'un de ses frères.
D'ailleurs, les fiançailles ont été annulées et on passait directement au mariage. Aussi les préparatifs furent rapidement engagés.
Mina n'était pas d'accord pour se marier aussi vite et encore moins loin de sa mère et de sa famille.
Elle voulait rentrer à la maison.
C'est à partir de ce moment que Mina est devenue prisonnière de la famille d'Hakim.
Au bout de deux semaines sans nouvelles, ma tante et mon père commençaient à se poser des questions. Des questions sans réponses. Téléphoner n'était pas facile, il fallait passer par une standardiste et demander la communication. Ce procédé pouvait durer plusieurs heures. Nous étions encore à des siècles lumière de notre portable d'aujourd'hui. De toute façon, nous n'avions même pas un Numéro de téléphone à qui s'adresser.
La solution la plus rapide était de contacter le père d'Hakim à Amsterdam, de lui demander de joindre son fils pour obtenir des nouvelles de Mina et de nous fournir l'adresse exacte avec éventuellement ses coordonnées téléphoniques.
Le père d'Hakim avait beaucoup d'estime pour lui-même. En tant que diplomate et attaché culturel de son ambassade, fort de son immunité diplomatique, il s'était octroyé un comportement hautain et à la frontière du mépris.
- Je ne peux rien pour vous, mon fils est majeur et il prend ses décisions lui-même, en faisant signe de la main que l'entretien était déjà terminé. Mon père faisait semblant de ne pas avoir vu et il répondit :
- Je vous signale que ma nièce n'est pas majeure et qu'elle est sujet du Royaume des Pays Bas. Il me semble que Mina est séquestrée et j'exige le retour immédiat de ma nièce. Le père d'Hakim souriait et sortit de la pièce. Mon père était prié de quitter l'ambassade sur le champ. La personne qui accompagnait mon père à la porte avait de la peine pour lui.
Aussi et contre toute attente, il glissait un bout de papier dans les

mains de mon père avec l'adresse d'Hakim à Busa, environ quatre cents km d'Istanbul.

Il ne prononça pas un mot, ouvrit la porte et regardait mon père dans les yeux. Il avait tout dit.

Riche de ce bout de papier, la famille fut réunie à la demande de mon père. Il proposa de cotiser pour financer le voyage vers la Turquie et bien sûr le retour de Mina. Une semaine plus tard, mon père s'envolait vers l'inconnu avec la ferme intention de kidnapper sa propre nièce.

Une fois sur place, il louait une voiture et prit la direction de Busa. Rapidement il trouva la maison de la famille d'Hakim. Il décida de surveiller les entrées et sorties des personnes. C'est à- dire qu'il avait temporairement élu domicile dans la voiture.

Au bout de trois jours, plusieurs femmes sortirent de la maison. Malgré le voile sur les cheveux, mon père avait immédiatement reconnu sa nièce.

Il les suivit à distance en voiture et au moment où les femmes voulurent traverser la rue, mon père accéléra pour s'arrêter à quelques mètres de Mina. Il insista sur le klaxon pour faire du bruit et faire peur aux femmes. Il sortit de l'auto et s'approcha de Mina, la prit par le bras et la traîna dans la voiture. Le moteur était toujours en marche. Il écrasa l'accélérateur et avant que les autres femmes n'aient compris ce qui se passe, mon père et Mina étaient déjà loin.

Mon père pensa à ne pas prendre l'avion de peur que la famille ne surveille les entrées de l'aéroport. La famille d'Akim était puissante et avait des relations dans tout le pays. Il décida de se rendre à l'ambassade des Pays Bas à Ankara. Après vingt-quatre heures de route et de pistes sablonneuses, ils étaient arrivés.

A l'ambassade, mon père expliqua le cas de Mina et sollicitait de l'aide. Le lendemain, des agents de l'ambassade accompagnaient mon père et Mina vers l'aéroport sous protection diplomatique. Ils eurent accès à une entrée non ouverte au public. La voiture s'arrêta devant l'avion. Il suffisait d'embarquer et de s'envoler vers la Hollande avec une escale à Rome.

Mina était de retour. Nous n'avons plus jamais entendu parler d'Hakim et de sa famille. Le père d'Akim a été rapidement rappelé dans son pays pour faire le point sur cette affaire. En clair, personne ne souhaitait de difficultés diplomatiques supplémentaires.

L'ambassade de Turquie avait même proposé lors de leur

présentation d'excuses, d'offrir des vacances en Turquie à Mina et à sa famille.
Mina refusa fermement, elle n'en avait nullement envie.
J'étais fier de mon père. Pour moi, il était une sorte d'aventurier. J'avais de la matière à raconter à mes potes.
Quoique à son retour, je me suis bêtement demandé si ça n'avait pas été ma cousine mais moi qui fus en difficulté, ce qu'aurait fait mon père dans ce cas.
L'histoire du marché d'Amersfoort et les vingt km à pied pour des prunes me restait encore un peu au travers de la gorge. Aujourd'hui, je ne me pose plus cette question. J'ai trouvé la réponse.

Anneke

A dix-huit ans, j'avais opté de rentrer dans l'armée. J'étais volontaire pour participer à un test « armée-études ». De toute façon, je n'avais pas tellement envie d'attendre le moment où l'armée aurait envie de m'incorporer.
J'avais l'opportunité d'avancer les choses et la possibilité de devenir gradé. Être gradé apporte des avantages que le soldat sans grade ne peut obtenir. J'étais stationné dans le nord du pays à quelques heures de train.
Au début de ma vie militaire, j'ai fait comme tous les appelés et engagés volontaires « la classe ».
Après 6 semaines de plaisanterie, j'ai eu droit à mon premier vrai week-end avec une permission de trois jours. C'est-à-dire soixante douze heures.

Le lendemain ma copine Anneke et moi, nous partîmes à la plage au bord de la Mer du Nord. Nous étions venus en train. Ce jour-là, il faisait chaud, très chaud à Zandvoort, et moi très excité par la beauté de ma copine. Je la voyais pour la première fois en maillot de bains. Elle était époustouflante avec ses cheveux longs. En plus, elle avait des yeux bleus, une exception pour une fille avec des cheveux noirs.
Nous étions installés sur nos serviettes dans les dunes un peu en retrait de la plage même.

Au début, nous allions nous baigner dans une eau relativement fraîche comme de coutume en Hollande. C'était agréable, d'autant plus que le soleil nous plombait énergiquement.

Après le bain, nous nous étalions sur nos serviettes et nous commencions à nous embrasser.
Autour de nous, il n'y avait personne pour nous observer.
Je m'étais mis à coté d'elle. Je lui caressais le dos, je jouais avec ses cheveux épais et doux. C'était, disons, excitant. Elle était irrésistiblement belle. Elle avait des seins provoquants. Le tissu de son maillot ne laissait rien au hasard.
J'étais en même temps mal à l'aise, l'effet des désirs commençait à donner des signes visibles. Anneke l'avait remarqué. Elle souriait et me disait :
- Ssst, doucement, pas ici. Je ne suis pas prête.
- Pourquoi ? Personne ne peut nous voir ici.
- Je le sais, c'est moi qui ne veux pas.
- Alors, tu ne m'aimes pas ?
- Mais si, je t'aime. Et si toi aussi tu m'aimes, tu n'insistes pas.
- Mais on n'est pas obligé de le faire, on peut faire autre chose.
Je commençais à caresser le haut de ses jambes,
- tu vois, je te caresse seulement, ça ne va pas plus loin.
- Bertus, arrête, tu n'as pas le droit de faire ça. Moi aussi, je peux avoir envie, et je ne veux pas. Pas ici en tout cas. Peut-être ailleurs, dans quelques temps.
Visiblement Anneke, n'avait pas l'intention de perdre sa virginité dans les dunes de Zandvoort.
Il n'y avait rien à faire, je n'étais pas raisonnable. Et au bout de trois heures de tactiques d'approche et des câlins interrompus, Anneke s'était levée et déclara :
- Je veux rentrer. Maintenant. Ma patience a des limites. Tu exagères.
Déçu, mais pas moins amoureux comme un jeune homme vigoureux de dix-huit ans peut l'être, je la suivais et nous partîmes pour la gare.
Les difficultés se sont manifestées à ce moment. J'étais brûlé par le soleil sur le dos et les jambes.
Ma peau était rouge crustacé cuit, d'un côté avec des lamelles de peau, et normal de l'autre. J'avais été couché presque tout le temps sur le ventre pour camoufler l'expression de ma virilité refusée. Je ne m'en étais pas aperçu dans l'excitation du moment. Mais une fois

sorti de l'intensité de notre étreinte, la réalité m'a fait comprendre que j'avais mal et je supportais à peine mes vêtements.
Dans le train, c'était le calvaire des martyrs. En ce temps, il y avait encore des trains avec les bancs en bois, très peu confortables. Pendant que le train chantait sur les rails, à chaque mesure mon corps lapidé donnait la réplique avec une fausse note.
J'avais de la fièvre. Anneke ne pouvait pas faire grand chose,
sauf me dire qu'elle était désolée. Et puis si j'avais été plus raisonnable …. Avec sa peau mate, elle ne risquait pas grand chose. Par contre moi, un blond-rouquin …

Elle s'était tue. C'était mieux.
Par miracle nous arrivions à la maison chez mes parents. Mon père n'était pas là. Il était dans son garage à quelques pas de la maison, chargeant sa camionnette pour le lendemain.
J'expliquais à ma mère le problème, et je lui annonçais que je ne retournerai pas à la caserne.
Je ne voulais pas ni ne pouvais enlever la chemise. Le tissu était collé contre la peau.

Ma mère refusa de me garder, et me dit avec fermeté que mon devoir était d'être à l'heure. Et puisque j'avais mal ct de la fièvre, il valait mieux que je prenne le train sans attendre. C'est ça ma mère. Quand on s'engage, on tient parole.
J'avais une permission de soixante douze heures et pas d'avantage. Et puis, elle avait en horreur des emmerdes inutiles.
J'ai demandé au voisin de bien vouloir me ramener à la gare. Je n'avais même pas envie ou peut-être peur de déranger mon père et le transport en commun n'était pas tellement une bonne solution.
Arrivé devant la gare j'allais de plus en plus mal. Mon voisin me proposa de me ramener à la garnison de ma ville, pour que je puisse consulter le médecin militaire de garde. Le toubib m'a hospitalisé immédiatement. J'étais brûlé au deuxième degré. Je suis resté près de quatre semaines à l'infirmerie.
Ma mère me jura qu'elle regrettait de m'avoir mis à la porte dans cet état. Elle ne m'avait pas trop cru. Elle pensait que je souffrais d'un simple coup de soleil et que je prétextais ces excuses pour ne pas retourner à mon régiment, Anneke, encore au lycée était en vacances scolaires.

Le médecin colonel m'avait en plus octroyé un congé maladie à domicile de deux semaines. C'est donc environ six semaines plus tard que je me suis à nouveau présenté à mon unité.

Mon capitaine était un type malsain, arriviste, trop jeune. Ce trou de cul d'à peine 26 ans remplaçait en fait le commandant en titre. A mon arrivée, il m'avait fait appeler au rapport dans le bureau du commandant et sans aucun scrupule humanitaire il m'a infligé une punition de six semaines sans permission de sortie. J'étais consigné dans la chambrée les soirs et week-end et obligé d'effectuer divers travaux pendant que mes camarades pouvaient sortir.

Le motif de cette injustice était que j'avais mis en danger ma santé sans réfléchir et de ce fait, je m'étais privé de mes obligations militaires envers mon pays.

Anneke ne m'avait pas attendu, elle avait trouvé un autre copain.

Neeltje

Après mon service militaire, je me suis marié avec une copine que j'avais mise enceinte. Je ne la fréquentais que depuis quelques semaines. Dès la première soirée, j'avais visé dans le mille. La pilule n'existait pas encore, et le préservatif uniquement chez certains pharmaciens.

Elle m'avait présenté à ses parents et pour cause. C'était des bourgeois, et en plus visiblement ils ne m'aimaient pas. Compte tenu de l'état de leur fille, ils avaient rapidement organisé les fiançailles pour faire comme tout le monde.

Je n'avais pas besoin d'acheter la bague de fiançailles. Dans ce milieu, on porte l'alliance à droite pendant les fiançailles et à gauche si on se marie. Ou peut être le contraire.

Le mariage a été fêté en grandes pompes quelques semaines après. Mon beau-père était un homme important et estimé, voire craint dans sa communauté, fervent défenseur de son église et patron d'une petite fabrique de sucreries.

Lui et son épouse organisèrent le mariage. Je ne sais pas pour Neeltje, mais psychologiquement je n'étais pas préparé à me marier.

En plus, j'allais devenir père à mon tour. Je naviguais comme dans un rêve avec des allures cauchemardesques.
La robe était blanche, belle et longue. J'étais habillé en queue de pie avec chapeau et gants gris. La voiture des mariés, une grosse Cadillac blanche, du cuir rose à l'intérieur, décapotable et longue comme un bateau de plaisance.
Le mariage devait avoir lieu à quarante cinq km de chez mes parents. C'est chez moi que j'avais choisi de me préparer. La Cadillac m'avait transporté comme sur un nuage vers le domicile de ma promise. Le chauffeur conduisait assez rapidement. Heureusement la capote était fermée, autrement j'aurais peut-être perdu mon chapeau haute-forme !
J'avais le droit de venir chercher la mariée moi-même, pour aller ensemble vers la mairie pour le mariage civil, puis vers le mariage religieux dans le temple. C'était trop pour mon beau-père d'être obligé de conduire sa fille, comme il disait, vers le désastre.
Pas moins de trois cents personnes nous attendaient pour fêter l'union sacrée du mariage. En comptant ma famille, nous étions à peine vingt, tout le reste je ne le connaissais pas ou à peine. J'avais l'impression que la grande bourgeoisie avait débarqué.
Les vedettes de cette soirée étaient sans aucun doute le beau-père et sa fille. J'avais joué mon rôle et on m'avait quasiment réduit à la marge.
Il est vrai qu'à l'époque, il valait mieux être une jeune femme divorcée et délaissée par son mari que fille mère. Les convenances interdisaient ce genre de situation.
De mon coté, j'aimais bien Neeltje. Mais il y avait un problème. C'était moi. J'avais vingt et un ans et je ne comprenais rien. J'étais dépassé par les événements et incapable de faire face à des obligations élémentaires. Certes, je savais à peu près mener ma vie, mais pas la vie en couple.
J'avais la trouille. Le tort était que je m'étais exprimé dans ce sens avec des paroles mais aussi avec mon comportement. Il est vrai que je n'étais pas à la hauteur pour séduire sur ce point l'entourage de Neeltje.
Malgré tout, j'avais voulu assumer ma responsabilité au lieu de prendre la fuite.
Au lendemain du mariage, nous partîmes ensemble. C'était probablement la dernière tentative de notre côté pour que nous

puissions entamer notre avenir en commun.

Dans ma jeunesse, peu de mes camarades étaient au parfum de ce qui se passait dans le monde. Nous vivions dans une sorte d'insouciance et nous aimions en silence et sans revendications le Rock and Roll.

Elvis Presley était considéré comme un sale type et en plus ne se lavait pas, comme disaient nos parents. Je n'avais pas grand-chose à dire, je ne savais pas si Elvis se lavait ou pas. D'ailleurs je m'en foutais un peu. J'aimais bien ce qu'il chantait.

Mes parents préféraient le bel canto, les opéras et des airs de grands ténors et sopranos. Depuis ma première jeunesse, mes parents m'imposaient d'écouter tous les dimanches après-midi sur la radio Belge leur émission préférée.

Mon père jouait du violon en même temps. Il était vraiment très doué. Ma mère, toujours très amoureuse de mon père, le regardait avec admiration et des larmes d'émotion coulaient sur ses joues. J'aimais voir mes parents comme ça. J'adorais savoir qu'ils s'aimaient toujours très fort. Cela m'avait toujours rassuré. Je commençais même à apprécier le Bel Canto !

Politiquement, je ne savais pas grand-chose non plus…

J'avais entendu parler de M. Drees, un socialiste à la Hollandaise et l'inventeur de la caisse de retraite. Pour tous, socialiste ou pas, M. Drees était un type bien.

Il y avait la guerre au Vietnam, je ne le savais pas. Des mouvements contestataires, je ne le savais pas.

Partout les jeunes commencèrent à bouger. Moi j'étais resté stérile. Je ne comprenais pas ce qui se passait. Six semaines après le mariage Neeltje me quittait et entamait le divorce. Elle avait parfaitement raison. Nous vivions ensemble comme des colocataires fâchés. De toute façon, le divorce était plus ou moins déjà prévu avant le mariage. Elle me donna quitus de ne pas réclamer de pensions diverses à condition que je la laisse tranquille pour vivre sa vie avec son enfant qui allait naître quelques mois plus tard. Grâce probablement à son père ayant des influences sur le beau monde des magistrats, le divorce fut prononcé peu de temps après.

J'ai vu ma fille une seule fois et fugitivement à l'âge de presque deux ans en 1966 puis une autre fois en été 2008. Elle est mariée et a une fille depuis 1998.

Je n'avais pas vraiment réalisé que j'étais en face de mon enfant. Je m'en veux encore aujourd'hui. J'étais plouc. J'aurais dû insister sur

ma conscience paternelle et grand-paternelle. Depuis j'ai perdu la trace.
Après l'échange de quelques mails et coups de téléphone, elle refusa tout contact par la suite. C'est probablement sa mère qui après quarante cinq ans n'a peut-être pas été capable de se mettre en paix avec son histoire. Dommage, je croyais que sa chrétienté, qu'elle affiche quotidiennement selon sa fille, le lui aurait permis.

Tous azimuts

A vingt deux ans, j'écoutais les Beatles et les Rolling Stones. J'adorais Jacques Brel chanter en flamand, Edith Piaf en français. Je n'écoutais pas ce qui se passait dans le monde. C'était loin de mon lit. De toute façon à la maison, nous ne parlions pas de ces choses.
Au cinéma, nous regardions de vieux films américains sous-titrés racontant des histoires de con, des histoires de familles où les gamins se déplaçaient en bagnole à l'âge où nous étions obligés d'enjamber le vélo et de se taper des kilomètres pour aller à l'école ou au boulot. En plus, ils bouffaient dans un drive-in en restant dans leur voiture avec la plus jolie des filles à côté d'eux.
Nous, quand j'étais encore au lycée, nous nous tapions des kilomètres pour retourner à la maison entre midi, pour manger en famille, ou on vidait notre gamelle, avec de la bouffe froide, dans la cour de récréation.
Il n'y avait pas de cantine à l'école, ni le ramassage des élèves par autobus.

En ce temps-là, je travaillais pour mon compte. J'avais mis des préambules d'activités dans différents domaines plus au moins rentables. On peut appeler cela aussi l'instabilité.
Au cours de mes obligations militaire, j'ai continué à prendre des cours de commerce supérieur en même temps que mes activités professionnelles et militaires. Mise à part la période de classes et la formation de gradé, j'ai bénéficiai d'une certaine souplesse de la part des autorités militaires.

Le job le plus marrant fut la confection. Je ne connaissais rien dans cette matière, sauf que je savais compter.

J'ai rencontré un représentant en confection grand public pour femmes. Son boulot était de visiter les boutiques et de vendre sa collection. Il était très au courant des marges et du coût de la matière première.

Fort de ces renseignements, j'achetais une sorte de tablier pour femme qui pouvait aussi être utilisé comme petite robe d'intérieur. C'était assez court mais c'était quasi l'époque où Mary Quant commençait à penser à la mini-jupe.

Le tissu était en nylon tricoté. J'avais pris l'ascenseur pour monter au cinquième étage des Nouvelles Galeries à Utrecht.

Au cinquième, il y avait les bureaux des acheteurs. J'avais ôté l'étiquette et calculé le prix de revient de la chose. Ensuite j'ai ôté vingt cinq cents de florin et j'ai proposé l'article à l'acheteur de mon futur client. Il avait juste remarqué qu'il devait avoir quelque chose de semblable en rayon. Il m'acheta cinq cents exemplaires dans chaque taille c'est-à-dire, S, M, L et XL.

J'avais vendu vingt mille exemplaires en moins de trente minutes. Je n'avais pas d'atelier de confection, ni de tissus et encore moins d'argent pour acheter la matière première.

La banque me prêta au vue de la commande de quoi payer le tissu, un ami d'un ami qui avait un atelier de confection en difficulté, spécialisé dans la robe de mariage était volontaire. Il vendit son stock et se reconvertit dans la production de masse.

Les premiers exemplaires sortirent de l'atelier dix jours plus tard. C'était dommage que le patron de l'atelier et moi nous n'étions pas trop copains et très vite, je lui avais laissé le bénéfice de l'opération à condition qu'il rembourse ma banque. Ce qu'il fit.

Comme je n'avais plus de travail, et de ce fait peu d'argent, il a fallu que je fasse autre chose. J'avais trouvé un boulot temporaire chez un boulanger industriel. Mon job était de réceptionner les pains à la sortie du four et de les trancher sur une machine en tartines. Un autre ouvrier les emballait, prêts à vendre. Je commençais à trois heures du matin. A six heures, j'avais une demi-heure de pause. A six heures et demie je chargeais mon tricycle électrique pour faire la tournée dans un quartier de la ville. Le titulaire était malade suite à un accident.

La tournée se terminait vers midi. Après, c'était le nettoyage et la remise de la caisse avec mon responsable. Ce boulot à dix heures par

jour était à faire pendant six jours par semaine. Au bout de cinq semaines, le titulaire étant de retour, je perdais mon job.
Avec l'argent que j'avais gagné, je m'étais lancé dans le nettoyage des vitres chez les particuliers. Il faut savoir que les fenêtres en Hollande s'ouvrent vers l'extérieur et de ce fait sont difficiles à nettoyer sur la face extérieure.
J'ai acheté une échelle, malheureusement en bois, trop lourde mais moins cher. Le transport de mon échelle était à même le dos. J'avais placé une extrémité dans une vieille poussette de bébé, puis l'autre sur l'épaule.
L'affaire fonctionnait bien. Au bout de quelques semaines, j'avais mon carnet de commandes plein. La demande étant plus grande que mon offre, le prix de mes prestations était en hausse. Dans le quartier où j'officiais, la concurrence était quasi inexistante. Mon échelle se manipulait avec une corde pour arriver jusqu'au troisième étage. Ma tête regardait ainsi dans le vide d'environ sept mètres. Je n'aime pas ce genre d'acrobatie.
La plupart du temps, je me contentais de m'occuper des vitres du premier et du deuxième étage. A vrai dire, j'avais peur.
Rapidement, j'avais embauché un laveur de vitre professionnel, au moins il en avait l'air. Il n'avait pas peur du vide comme moi. Il m'avait même assuré qu'il pouvait aller plus haut. Ce n'était pas pour une oreille d'un sourd. Aussi vite je m'étais rendu chez le commerçant qui m'avait vendu l'échelle. Je ne l'avais pas encore payé. Il accepta ma proposition de reprendre mon échelle et de m'en vendre deux autre en alu cette fois ci.. Une petite et une très grande pouvant aller jusqu'au cinquième étage.
Le tout était transporté sur une vieille camionnette encore roulante, que j'avais trouvé dans une casse d'autos.
Au bout de trois semaines, j'embauchais un deuxième laveur. J'avais décidé de descendre définitivement de l'échelle et de m'occuper des encaissements et du carnet de commandes. Je n'étais toujours pas fortuné. Les frais et les achats m'interdisaient de faire des folies.

Dans ma fougue de jeune entrepreneur, j'avais envie de foncer. C'est comme ça que j'avais fait une offre à la commune pour nettoyer les écoles municipales pendant la nuit. Pour moi, c'était une aubaine. Il fallait juste acheter un peu de matériel, le personnel était déjà là. Une équipe de onze femmes et hommes travaillaient déjà comme

vacataires. J'étais obligé par contrat de les embaucher. Le début du contrat était fixé à une date ultérieure. D'abord on m'avait confié le nettoyage d'une nouvelle école, fraîchement construite. Le bâtiment était plein de poussière, des traces de peinture, de ciment et autres détritus.
Pour ce job, j'étais seul. Le bâtiment faisait plus de neuf cents mètres carrés !
Il faisait froid, la nuit. Dans la journée, j'étais avec mon équipe de laveurs, la nuit c'était pour l'école à faire briller. J'étais aussi en froid avec ma logeuse. Je rentrais à des heures impossibles, ce qu'elle n'aimait pas trop. Elle me priait de déguerpir rapidement, qu'elle préférait avoir un retraité seul, et tranquille. Je la comprends, elle vivait seule. Je n'étais pas de son âge.
Pour ne pas rester dehors, et de ne pas dépenser le peu d'argent que j'avais, j'ai décidé de dormir dans le vestiaire de l'école à même le sol. C'était la pièce que j'avais nettoyée en premier. A terre, j'avais étalé quelques serviettes de bain et un manteau. Deux pulls comme oreiller et moi habillé trois fois.

Dehors, il faisait à peine quatre degrés, dedans peut-être six ou sept. Le chauffage n'était pas encore en fonction. Au bout de trois semaines, j'étais arrivé au bout de mes peines de nettoyage. J'allais pouvoir présenter ma facture à la mairie et surtout pouvoir signer le contrat.
Rien n'y était. Ma facture était acceptée, me disaient-ils et honorée dans un délai de deux mois. Pour le contrat, ce n'était plus possible. La commune aurait dû lancer un appel d'offre réglementaire. Le Commissaire de la Reine (sorte de Préfet) avait dévoilé son véto.
C'en était trop. Avec ma jeune tête de tout vouloir et savoir, je proposais à mon laveur expérimenté de reprendre l'affaire et mes échelles y compris la vieille camionnette. Il acceptait, et me donnait même une jolie somme d'argent en compensation de mon carnet de clients. J'avais vendu le matériel et, c'était nouveau pour moi, mon fond de commerce.
Puis je me suis plongé dans les assurances, et autres conseils pour les entrepreneurs en herbe. Sans grande conviction, bien que je fus grassement payé. J'aspirais à autre chose, mais je n'avais pas encore défini le tracé de mon chemin.

Clara

Elle avait mon âge et était en fuite. En fuite de ce mec, son mari, qui selon son récit, la frappait. Elle cherchait à louer une chambre. En Hollande (et ailleurs) et encore maintenant, certaines personnes gagnent de l'argent avec les misères de l'autre. Le jeu consiste à donner la même adresse d'un studio ou d'une chambre à louer à au moins une dizaine de personnes. Chacune des personnes se voit facturer la prestation de l'agence. Sur le contrat et en petits caractères au verso était signalé que si la chose n'était plus libre, l'agence déclinerait toute responsabilité. Il appartient au bailleur de signaler par courrier recommandé le changement de situation. La poste ayant besoin de 2 à 3 jours pour acheminer la lettre, l'agence pouvait filer l'adresse à plusieurs pigeons.

C'était le cas de Clara et de moi. Nous nous sommes rencontrés tous deux en même temps chez le bailleur. La chambre était confortable. C'était en fait un petit studio avec douche et WC séparé. Il y avait même un coin cuisine. Meublé d'un lit de deux personnes, de deux fauteuils en rotin, d'une table, de quatre chaises et d'un placard encastré pour les fringues.

Le monsieur nous avait visiblement pris pour un couple. Ce qui nous faisait rigoler en douce.

Quand la question arriva
- Est-ce que cela vous plaît ? Clara me regardait et je regardais Clara. Elle me faisait le signe affirmatif.

C'est comme ça que nous avons loué la chambre ensemble.

Clara et moi nous avions l'esprit d'évasion. Très vite, nous avions libéré le studio et entrepris un voyage en Espagne.

Le pays était encore sous l'autorité de Franco. Nous avions dormi dans un grand hôtel à Madrid sur la Grande Avenue. Le soir avant de se coucher nous prenions un bain dans une énorme baignoire que nous remplissions avec de l'eau et un vin pétillant espagnol qui avait quelques mémoires du champagne.

C'était pour faire des bulles. La bouteille était vendue pour le prix d'un coca en Hollande.

Et puis le coca c'était pour boire.
Un soir en ville, un ou plusieurs pickpockets nous ont volé nos papiers et les sous dans ma veste que j'avais mise sur le dos de ma chaise.
Chaise que je n'avais pas quittée. La suite fut que nous nous trouvâmes chez les flics espagnols, avec leur chapeau ridicule. Ils n'étaient pas commodes du tout et ne voulaient pas nous comprendre malgré mes efforts en Anglais et un peu en Français. Puis renseignements pris par les flics, nous n'avions également pas les moyens de payer la note de l'hôtel avec toutes ces bouteilles de vin pétillant et pour cause, notre argent venait d'être volé ! Nous étions accusés de grivèlerie.
Les flics espagnols me faisaient comprendre qu'il fallait mieux avouer notre crime. Je leur disais que je n'étais pas coupable, que j'étais de bonne foi. Nous étions des victimes.
L'un des flics m'avait fait comprendre en mauvais anglais que je n'avais pas le choix. Si j'avouais, il promettait de laisser tranquille Clara. Je faisais deux ou trois mois de prison et j'étais libre de rentrer dans mon pays. Si non, Clara pouvait avoir des difficultés dans sa cellule gardée par ses collègues masculins.
J'étais hors de moi.
- D'accord, je vous dirai ce que vous voulez, mais pas à vous. Je veux voir votre chef. Je veux voir le commissaire. Le flic mauvais me faisait :
- Si si, et m'emmenait dans le bureau du chef.
Dans le bureau, j'exigeais la présence d'un membre du consulat Néerlandais. Jamais je n'avais l'intention d'avouer des faits inexistants. Il me fallait un témoin officiel pour dénoncer les agissements de ce flic.
Nous avons été hébergés à titre gracieux encore pendant 48 heures. La nourriture était excellente, mais trop peu. Plus tard, on m'a dit que c'était l'ambassade du Pays Bas qui nous nourrissait. Je pense que nos gardiens se servaient au passage.
L'ambassade avait aussi payé les notes du restaurant et de l'hôtel, nous filant un peu d'argent, deux billets d'avion pour Amsterdam, puis un passeport provisoire pour rentrer aux Pays Bas.
A l'aéroport, nous nous sommes fait rembourser les billets au trois quart de leur valeur pour profiter d'un voyage retour en auto-stop. Nous n'étions pas si pressés de rentrer.

Profitant d'une escale de trois jours à Avignon puis de quelques semaines à Liège en Belgique, nous sommes retournés en Hollande.
Après avoir tourné en rond pendant quelques temps, à ne pas savoir où aller, nous nous sommes finalement installés à Driebergen près d'Utrecht dans un mobil-home sur le terrain d'un ancien camping. C'était assez chouette, nous avions même un petit jardinet devant, tout le confort en intérieur.
C'est à cette époque que j'ai rencontré John Fire et son groupe the Rudows. John Fire était son nom d'artiste. Lui et son « band » jouaient principalement la musique des Beatles, des Stones, des Moody Blues et autres groupes à la mode. C'était bien fait. J'aimais suivre ces garçons et je m'étais lié d'amitié avec John.
A plusieurs reprises, il m'arrivait d'organiser des soirées de concert ou de boum avec l'aide de leur groupe. J'avais trouvé une nouvelle occupation qui pouvait même m'accorder quelques petits bénéfices.

J'étais avec Clara depuis trois mois ...

Moody blues

C'est lors d'une visite dans une surface de vente des instruments de musique que j'ai rencontré Bennie, chanteur de Mouz Mouz and the Apples. Le nom du groupe était simpliste mais marrant. Il suffit de tourner le mot Mouz et on obtient Zoum. Et que fait un beatle, un scarabée, quand il mouve ses membres ? Il fait Zoum zoum. Puis la pomme, apple, pour le logo des disques des Beatles.
C'était un gentil quartet de musique transformé en sosie des Beatles sans avoir leur talent bien sûr. Quoique les garçons aient vraiment du chien, surtout Bennie.
Je m'étais imaginé qu'ils avaient besoin d'un « producer », un manager. Alors je m'étais proposé. Nous avions organisé une réunion dans la cave où ils répétaient. C'était l'une des caves qui se situent en-dessous des rues et des maisons au bord des nombreux canaux, « grachten« , qui sillonnent la ville d'Utrecht.
Ces caves étaient jadis utilisées comme lieu de stockage des marchandises transportées par des péniches. Libérées et nettoyées,

elles étaient louées ou prêtées à des associations, et autres activités. Il y avait même déjà quelques commerces comme une crêperie, un bistrot de jazz ou piano-bar.

Je fus accepté comme manager de leur groupe, j'assurais la maintenance des instruments de musique et de la sono. Je devais trouver des lieux de concerts les vendredi et samedi soir et éventuellement le dimanche après-midi. Sur la recette, les quatre musiciens touchaient chacun quinze pour cent et moi, le reste c'est-à-dire quarante pour cent.

On jouait dans les paroisses où le curé organisait des bals le samedi soir pour que les jeunes restent un peu sous sa surveillance. Ce genre de soirées était largement subventionné par les parents. Même certains pasteurs avec des pensées plus libérales se mettaient aussi à l'idée. Pour les autres, ils étaient encore solidement accrochés à la lecture de la Bible et autres livres saints comme divertissements proposés.

Les recettes n'étaient pas énormes, il nous restait à peine quelques guldens à la fin de la soirée.

Très vite, je commençais à organiser nos propres concerts. Il suffisait de louer une salle et de vendre les droits d'entrée. Les mains étaient tamponnées avec un tampon de l'un de nos sponsors. C'était eux en général qui payaient la location. Nous étions l'un des premiers groupes de musique à solliciter la main généreuse des entreprises comme des snack bars, des bars et cafés à thème et des vendeurs d'instruments de musique. Il me semble même que j'ai lancé cette idée en premier. En contre partie, nous mettions des panneaux publicitaires dans la salle.

Les copines et copains de notre groupe nous aidaient et avaient droit de s'amuser gratuitement. Les recettes étaient de plus en plus confortables. Nos soirées de concert commençaient à avoir une certaine notoriété.

Quelques temps plus tard, nous avons participé à un concours avec comme premier prix, l'enregistrement d'un 45 tours et le droit de jouer en avant programme du concert des Moody Blues dans « le Jaarbeurs » d'Utrecht, une grande salle avec un parterre de plus de cinq mille fans.

Nous étions cinq groupes à avoir gagné ce privilège. Chacun avait droit à dix minutes de folie.

La scène était immense. Les cinq ensembles avaient pré-installé leur matériel, la sono était fournie par les organisateurs, nous étions tous prêts à jouer.
Notre tour venait en dernier. C'était le meilleur moment, puisque nous restions seuls sur la scène et après un courte pause technique de quelques minutes … Les Moody Blues !

Clara et moi avons eu droit au carré VIP, tout comme les autres managers des groupes qui se produisaient sur la scène. Les musiciens des Moody Blues vinrent nous féliciter, quoiqu'assez brièvement. Leur Producer Tony Clarke n'avait pas jugé utile de venir nous saluer. Après le concert, j'avais essayé de le voir dans leur loge, mais l'accès nous était refusé. J'ai quand même eu la chance de parler quelques instants à Justin, l'un des Moody's pour obtenir une dédicace de l'ensemble des musiciens sur leur dernier 33 tours. Plus tard, ce disque disparut sans laisser de trace.

Mouz Mouz and the Apples s'était malheureusement autodétruit après quelques appels au service militaire du pays. Puis une histoire d'amour et des jalousies à cause des filles qui nous suivaient ont vite eu raison de nos beaux rêves.

L'évasion

C'était aussi l'époque où je commençais à peindre. D'abord sur du papier à dessin, puis sur des panneaux de bois. Clara et moi nous les vendions en porte à porte. Mes œuvres étaient plutôt d'avant-garde. Naïvement abstraits, ils avaient l'influence de Karel Appel ou d'autres Cobraïstes. C'était assez difficile de convaincre les gens d'acheter.
Clara m'avait proposé de dire que nous étions des étudiants des beaux arts en manque de sous. Acheter, c'était nous aider à payer les frais d'étudiant. Pour cela il fallait mieux colporter ensemble, pour donner plus de confiance. C'était un mensonge. Mais d'un autre côté, nous ne volions personne.
Clara avait raison, les ventes se multipliaient par quatre. Chaque soir,

on était obligé de produire avec la peinture gouache sur papier pour les vendre le lendemain.

Ce manège avait déjà duré quelques mois. Jusqu'au jour où nous sonnions à une porte appartenant à un professeur de l'université des Beaux Arts d'Utrecht. Il nous écoutait avec intérêt, nous faisait entrer et poussa la plaisanterie à nous acheter une de mes œuvres.

Puis il nous accompagnait à la porte. Et avec un « au revoir », il nous avoua qu'il était lui-même professeur de mon université fictive. Il s'étonnait de ne m'avoir jamais vu. Puis en souriant, il nous conseillait de ne plus utiliser l'excuse de l'étudiant en détresse. On ne sait jamais, si l'université portait plainte ou pas.

C'était notre dernière vente. De toute façon, nous en avions marre de tirer la sonnette des portes et de raconter toujours la même chose. Et puis nous n'avions plus guère d'inspiration artistique !

Clara était enceinte. Et malgré son état, c'était aussi le début de la fin entre nous.

Compte tenu de problèmes de santé, elle s'était installée chez ses parents. Moi je bivouaquais chez les miens. Je m'occupais de mes petites affaires. Régulièrement je prenais des nouvelles de Clara.

C'est sa mère qui m'a répondu le plus souvent avec un :
- Clara est fatiguée, faut la laisser dormir. Elle va bien. Sa mère ne m'aimait pas bien. Pourquoi, je ne sais pas. Nous nous ne sommes jamais rencontrés vraiment.

Ils ne voulaient pas avant que … Que quoi ? Je ne savais pas non plus.

Mon fils est né en début de l'année. Le jour de sa naissance, personne ne m'a averti. Plus tard, quand j'annonçais mon arrivée, puisque je savais compter aussi et surtout jusqu'à neuf, la mère m'expliquait que je n'étais pas le bienvenu. Ni pour Clara et ni pour les parents.

Le bébé était mort-né, me disait-on. Donc pas besoin d'insister. Le monde s'écroulait. Toute la force de persuasion que j'avais en moi, était anéantie à rien.

J'avais vingt quatre ans et j'ai pris la fuite. J'ai voulu tourner le dos à mon passé, ne plus savoir, ne plus penser.

Je m'étais rendu compte que je n'avais rien construit. J'étais aveugle de ce qui se passait dans le monde. L'univers se limitait à un cercle autour de moi et à vue. J'avais besoin de voir au-delà, faire des rencontres avec des inconnus. J'avais soif d'amitié, d'amour, de

tendresse. Mais j'avais aussi soif de l'excitation de ne pas savoir d'avance ce qui peut arriver. J'avais envie de vivre mon aventure. Ailleurs.
Comme c'était la mode à l'époque, j'ai voyagé en stop au gré des directions qu'on m'a proposées. C'est comme ça que j'arrivais à Lyon puis à Marseille. Pour me nourrir et avancer, j'ai travaillé d'ici et là comme pompiste à une station d'essence, un coup de main lors d'un déménagement, mais aussi en tenant la main pour que les gens se séparent de quelques pièces de monnaie en ma faveur. Puis sur un bateau comme commis et larbin de cuisine.

Madagascar

C'est ainsi que j'arrivais à Madagascar. Je suis tombé immédiatement amoureux de ce pays. J'ai débarqué et pris le peu de solde de ce qu'on me devait.
C'est là que j'ai rencontré Marie dans un tout petit hameau à environ 25 km de Mampikony dans la brousse du nord-ouest de l'ile.
Je voulais traverser le pays du Nord au Sud. Je n'avais aucune idée de la difficulté d'entreprendre une telle expédition.

Quel doux souvenir de Marie, une beauté malgache dont la seule préoccupation était le bien-être de mon humble personne. Je lui avais parlé de Clara, du bébé et de ma tristesse. Elle m'avait dit me comprendre et ne me posait aucune question.
J'ai abandonné la longue marche et je décidais de rester. Rien n'était trop fatiguant pour elle. L'eau était à une demi-heure de marche, mais cela ne l'empêcha pas d'y aller tous les jours et même parfois deux fois pour emmener à même l'épaule deux bidons de chacun près de vingt litres et reliés par un bâton.
Il était hors de question qu'elle acceptât mon aide. Sa fierté en aurait pris un coup fatal en rapport des autres femmes du village.
Nous chassions le porc sauvage et mangions le hérisson avec un nez comme celui d'un cochon. Nous pêchions des crabes géants et des crevettes d'eau douce.

Nous cultivions du maïs, des bananes et un peu de riz dans une partie de terre inondée près de la rivière. Mais aussi du manioc et le café que nous torréfions dans une vieille poêle sur un feu de charbon de bois.

Nous avions des zébus et des poules. Puis nous buvions du betsa betsa, une boisson qui soûlait sans le savoir.

Marie faisait l'amour comme elle mangeait, avec volupté et sans artifice inutile. Elle mangeait avec ses doigts en portant les graines de riz à la bouche.

Nul n'avait besoin de se cacher. La baignoire, c'était la rivière, ce qui est bon pour le linge est bon pour le corps. Nous nous lavions le dos et les cheveux entre nous. Les femmes chantaient en tapant le linge sur une pierre.

Plus loin, les hommes pêchaient avec une flèche en bois. Le poisson sentait bon grillé. Le soir, nous avions droit au concert des lémuriens, petits singes qui vivent à Madagascar.

Il n'y avait pas d'électricité, mais nous avions des lampes à pétrole. Le pétrole était fourni par le chinois qui passait une fois tous les mois. Il faisait du troc pour vendre ailleurs. De toute façon nous nous couchions tôt.

J'ai visité un lac avec des crocodiles que j'ai vus à moins de vingt mètres. Je me suis baigné au cours de ma balade dans une eau de mer phosphorée le soir. Il y avait comme une aura autour de mon corps. Il faut le voir pour le croire. J'ai mangé des fruits sauvages que je n'ai plus jamais retrouvés ailleurs.

Déjà à cette époque, les villages commençaient à se vider par l'attrait de la ville. Le pays était pauvre, mais tant que les gens pouvaient se contenter de ce que la nature proposait, il n'y avait pas de faim dans les villages. Dans la ville il ne pousse pas grand-chose, sauf peut-être le désespoir.

Marie était la fille d'une célébrité du village pour ses connaissances des plantes et leur pouvoir de guérison.

Marie avait pris la relève après avoir été pendant des années et depuis son plus jeune âge, initiée par sa mère.

Un jour, je suis tombé malade. J'étais dans le grand bourg de Mamykony où il y avait un dispensaire avec un docteur. J'étais mal, je vomissais et j'avais des petites tâches sur mon corps.

Marie était avec moi. Malgré sa présence et son savoir, je n'avais pas

trop confiance en ses pouvoirs. Je préférais adjoindre à son action un médecin qualifié.
Le toubib avait quelques difficultés à établir un diagnostic. Il me proposa de rester un peu dans le dispensaire pour voir l'évolution des symptômes.

Marie ne m'avait pas quitté. Elle s'installait autant qu'elle pouvait devant la pièce où se trouvaient les lits des malades. Au bout de deux nuits je n'étais pas mieux. Les cachets du toubib ne me faisaient strictement rien.

A sa demande, Marie fut alors autorisée à rester la troisième nuit à côté de mon lit.

Toute la nuit, elle me caressait, lavait mon corps entier avec une purée verte de différentes feuilles. Elle murmurait tout le temps quand ses mains étalaient la masse.

1970 - Mampikony. Pose avec Marie chez le photographe

Au petit matin, je suis tombé dans un profond sommeil. Elle m'avait couvert d'un drap et défendait à quiconque de me réveiller ou faire du bruit inutile. À la fin de la matinée, je me suis réveillé. Je me sentais en forme, certes encore un peu faiblard, mais en forme.
Je n'avais plus de petites tâches. Le toubib m'auscultait et constatait que je n'avais plus rien. Il regardait Marie et lui exprima son respect.
Un autre jour, j'étais à Diego pour me balader et rencontrer quelques marins ou militaires en ville. Histoire de savoir ce qui se passe en Europe. Les nouvelles étaient souvent déjà réchauffées, mais c'était aussi une occasion de se faire offrir une bière bien fraîche.
Le soir, j'avais suivi quelques légionnaires qui partaient voir les

filles. J'ai rencontré Isabelle. Elle était une métisse Chinois et Sakalave. Elle était d'une beauté pure. Il faut être fou de dire non à une fille comme elle. Puis Diego Suarez se trouvait à plus de cent cinquante km de mon village. Qui peut savoir ? Il faut presque deux jours de taxi-brousse pour y arriver !
Trois jours après, j'étais de retour. Marie m'attendait.
Visiblement elle n'était pas contente de me voir. Elle me balançait des mangos trop murs dans la figure en me hurlant dessus :
- t'as couché avec une pute ! Tu veux me salir maintenant ? Tu me fais honte devant mes sœurs ? Devant mon père ? Je ne suis plus en paix grâce à toi. Puis ma mère, que doit penser ma mère ?
J'étais trop occupé à éviter les mangos pourris pour lui répondre. D'ailleurs je n'avais pas grand-chose à dire. Le soir j'ai dormi chez son frère. Il me tapotait l'épaule et me rassurait :
- Marie sait ces choses. Elle le voit, mais ne t'en fais pas, elle va se calmer.
Le lendemain, j'avais à nouveau le droit de venir m'installer
dans sa case. Marie m'aimait encore et moi j'aimais Marie. Elle était Malgache et moi l'étranger.

Je le savais, quand le moment sera arrivé que je serais dans l'obligation de partir, elle choisira de rester. Elle avait raison.
En France elle se serait fanée, perdant son éclat, sa beauté et son parfum au fruit de coco.
J'ai été son homme pendant plus de quatre années. Et j'en suis fier.

Mon départ de Madagascar a été accéléré par les mouvements politiques et de pouvoir au début des années soixante-dix. Je ne faisais pas de politique. Je n'avais rien compris de ce qui se passait dans ce pays. Il était question d'un jeune militaire qui avait pris le pouvoir. La France a été mise sur le banc des méchants à cause de la colonisation jusqu'en 1958.
La France évacuait certains de ses citoyens ainsi que les citoyens des pays amis. Surtout celles et ceux qui n'avaient pas d'utilité pour le nouveau pouvoir.
C'est ainsi que je suis arrivé en France parce que l'avion s'arrêta à Paris. Je n'avais pas opté pour continuer jusqu'en Hollande. Paris était toutefois au-dessus de mes faibles moyens.
Et à nouveau, j'avais pris la route des hasards du destin.

Margot

J'étais assis sur ce gros caillou au bord d'une composition communale de fleurs, dans l'attente d'une voiture avec un bon chauffage pour me réchauffer. La couleur des fleurs ne réchauffe pas trop. En avril ne te découvre pas d'un fil dit-on mais à condition d'avoir suffisamment de fils pour se couvrir.
De là où je venais, il n'y avait pas de problème de printemps frais, ni de froid et encore moins de chauffage dans une voiture pour faire du stop. D'ailleurs il n'y avait pas beaucoup de voitures, à part le taxi-collectif.
Un type m'avait laissé là, au croisement dans un village apparemment fleuri, sa 4L et lui étant arrivés à bon port.
Vu l'heure sur le clocher, je me demandais si j'étais comme les fleurs, en avance ou à l'heure. La nuit tombait et j'étais obligé de me déplacer vers ce candélabre pour mieux me montrer.

Puis elle arriva dans sa vieille voiture, seule et triste, fatiguée aussi. Elle m'a pris à bord et au volant en même temps.
Je vais à Metz me disait-elle. Elle ne me posa aucune autre question sauf si j'étais capable de conduire.

Margot se réveilla à l'entrée de la ville.
- Arrêtez-vous là, je vais reprendre le volant.
- C'est comme vous voulez, lui disais-je et je sortais de la voiture en prenant mon sac avec mes quelques affaires. Je la gratifiais d'une hochée de tête en lui adressant un
- Merci, et au revoir !
- Tu vas où comme ça ? me demanda-t-elle.
J'ai constaté immédiatement qu'elle me tutoyait d'office comme une invitation à quelque chose de probable et même inévitable.
- Je ne sais pas, je vais me chercher un endroit pour dormir, ou je vais aller plus loin. Je n'ai pas d'attache spéciale.
Elle souriait :
- Je t'invite à venir chez moi. Je me sens un peu seule.

Il faisait chaud dans son appartement sensuellement chaud.
Margot m'avait préparé des œufs sur le plat avec du pain fraîchement grillé. C'était délicieux.
Elle me raconta qu'elle avait emmené son ami au bateau à Rouen pour un voyage de plusieurs semaines, voire quelques mois. Il était marin. Pourtant il avait promis de mettre fin à ces voyages et de chercher du boulot à terre. Margot et son marin s'étaient quittés en dispute. Chacun restait sur sa position.
Elle ne pouvait plus croire à ses promesses « c'est la dernière fois ».
Cette nuit-là, je partageais son lit et son intimité.
Elle n'était pas particulièrement belle, mais avait l'air vulnérable en alternance avec un regard d'une certaine volonté d'exister à sa guise.
Le matin, elle me dit que je pouvais rester si je voulais, au moins jusqu'au retour de son marin, peut-être plus si affinité
Je m'installais à mon aise, les vêtements de son marin m'allaient comme un gant, Margot me servait du pain frais et le croissant à tremper dans un café un peu robuste à mon goût, mais cela a l'avantage de réveiller.
- J'ai une amie qui travaille chez Conforama, ils cherchent un chauffeur livreur, tu peux y aller si tu as le permis poids lourd.
J'ai compris qu'une participation aux frais du ménage ne se
heurterait pas à un refus.
Le lendemain, j'étais embauché au smic avec un panier repas pour midi. Me voilà au boulot à démonter et remonter des meubles chez le client avec un compère que le patron avait mis sous ma bonne garde.
Il était aussi titulaire d'un permis de conduire, mais il avait la sombre habitude de démarrer la journée au gros rouge, celui qui picote dans la gorge, du presque vinaigre.
D'ailleurs les effets se voient en permanence sur son visage labouré de longues années d'exploits alcoolisés.
André (Dédé) était aussi le mari de l'amie de Margot. Elle m'avait recommandé avec ardeur auprès du chef d'expédition parce que j'avais dit que je ne buvais pas. Cela la rassura.
Le soir même de mon premier jour chez Conforama, Margot avait invité son amie Rose avec mon équipier Dédé. Le rôti de dinde se bronza au four, l'odeur embellissait l'appartement.
Les discussions allaient bon train, tout en piochant dans le bocal de cacahuètes et en buvant un cocktail de jus de fruits apporté par Rose. Elle interdisait toute boisson alcoolisée à son homme en sa présence.

Rose et Dédé n'étaient pas étonnés de me voir câliner par Margot. Ils estimaient qu'ils pouvaient s'en moquer totalement et puis chacun sa vie. A la limite, ils trouvaient cela assez amusant et même excitant de voir Margot assise sur mes genoux.
Le marin voguait vers d'autres horizons et ports…
La conversation était assez banale, on parlait de travail, des courses au supermarché, la nouvelle R16, la Gordini et la liberté de laisser vivre des autres.
Moi j'écoutais, parce que de là où je venais, la mode n'avait pas suivi. Pour la tendance « peace and love«, j'étais encore au stade de développement. Mais j'étais bon élève, j'avais vite appris qu'avec un discours limité au profit d'une écoute élargie, je pouvais obtenir un peu tout ce que je voulais avoir.
De toute façon, c'était facile d'étaler une doctrine, un « way of live ». Et à défaut d'être bourgeois soi-même, on crachait sur les autres. A bas la consommation excessive. Et puis … Sers moi encore un verre, n'y-a-t-il plus de cacahuètes ?
Et « vas voir si la dinde est cuite ». Et puis quoi, la dinde était en promo cette semaine à l'hyper. C'est bien pratique l'hypermarché. C'est grand et on trouve presque tout. « Peace and love ». C'était nouveau pour moi et superbement excitant !
Pour un peu plus d'intimité, Margot avait tiré un plaid sur nous, elle m'avait soufflé dans l'oreille que je pouvais glisser ma main sous sa jupe.
C'est une sensation étonnante de masturber sa compagne de jeux sans se faire remarquer des autres, et de continuer à parler dans le vide comme si de rien n'était. Margot adorait ce genre de situation. C'était son côté provocatrice. A chaque fois que nous recevions des copains, elle se débrouillait pour que ce moment excitant lui soit favorable.
Dédé avait trouvé un reste d'eau de vie de mirabelle dans le buffet de cuisine de Margot, et s'était servi au goulot au mépris des promesses à Rose.
Margot et moi avons terminé la soirée ensemble, le plaid était tombé à terre et notre retenue aussi, s'il en avait existé une.
Rose était en colère avec son Dédé, faute aux mirabelles. Je leur avais demandé de s'engueuler ailleurs et qu'ils me
faisaient chier.
J'ai appris plus tard que Dédé et Rose partageaient parfois les petits

jeux de Margot et de son marin. Le problème était que moi, je n'étais pas prêt à y participer.
A chacun son truc, moi je préférais la douceur moite de Margot en exclusivité.

Ma vie avec Margot n'avait en réalité ni queue ni tête, son marin navigant toujours invisiblement entre nous, d'ailleurs sa photo n'a jamais était enlevée de la table de chevet dans la chambre.
Cela me convenait, parce que je n'avais pas envie de me fixer et avoir des obligations de couple en ménage. Je voulais être libre d'accepter de rester, mais aussi être libre de partir.
Le fait de donner de l'argent à Margot me convenait également. Un reproche éventuel que je vivais à son crochet m'aurait été insupportable. Je tenais trop à ma liberté.

Habiter dans un appartement digne de ce nom m'avait procuré l'occasion d'inviter ma maman à venir me voir. Elle resta une semaine avec nous. Malheureusement, elle ne pouvait pas rester plus parce qu'elle travaillait comme hôtesse à « le Jaarbeurs » d'Utrecht.
« Le Jaarbeurs » est un complexe de plusieurs bâtiments où on organise des expositions commerciales, mais aussi des concerts et spectacles. Les grandes maisons de mode y produisaient leur défilé, les sociétés et les politiques, des réunions et des meetings. Ma mère était chargée avec son équipe d'accueillir les dirigeants et leurs invités. Elle s'occupait de la restauration et du « koffie-tafel » c'est-à-dire un buffet froid typiquement hollandais autour du café ou du thé.
J'étais heureux de revoir ma mère que je n'avais pas vu depuis quelques années. Mon père était décédé d'un cancer du poumon pendant mon absence. J'avais envie de parler de lui avec elle.
Le vendredi soir, nous étions de sortie, ma mère, Margot et moi à une guinguette au bord de la Moselle. C'était sympa. Ma pauvre maman, cinquante deux ans et belle femme, se faisait draguer par un homme qui avait trop sifflé de bouteilles de vin blanc du pays de la Moselle. Quand il parlait, il sentait la vinasse.
Pris de court, elle m'avait présenté comme son petit ami. Le type me regardait avec un certain doute, puis me demandait en secret :
- T'es plus jeune qu'elle ! Elle a mon âge ! Qu'est-ce que tu fous avec une femme plus âgée que toi ?

Et comme je ne répondais pas, il en ajoutait :
- Elle a du pognon ou quoi ? Si ce n'est pas honteux de voir cela !
Je haussai les épaules et j'invitai ma mère à danser. Le type entre temps avait jeté son envie sur Margot.
Margot n'avait rien compris de notre manège et n'était pas trop contente des avances de notre buveur de vin.
- Laissez-moi tranquille, allez voir ailleurs si j'y suis ! Je ne suis pas seule, je suis venu avec mon ami.
- Ton ami ? Je ne le vois pas, il est où ton ami ?
- il est là… Margot pointa son doigt dans ma direction.
Le type regardait dans ma direction et ne comprenait plus grand-chose. Bref il était trop saoul. Il décida de voir ailleurs. Le soir tard, nous sommes rentrés. L'appartement était au quatrième étage. C'était difficile parce que ma maman qui n'avait nullement l'habitude de boire du vin blanc était pas mal éméchée.
Elle décida de prendre l'air sur le balcon. Et là, ce fut la catastrophe ! Une envie de rendre l'envahit. Le paquet passa au delà de la barrière et tomba en bas, dans le jardinet de l'immeuble avec des petits bosquets pour faire joli. Le problème était que le dentier de ma mère tomba avec.
Sans dentier, ce n'est pas commode. Malgré des recherches avec la lampe de poche, je ne l'ai pas trouvé. Au petit matin, à la lumière du jour, non plus.
Il ne resta à ma pauvre maman que d'aller chez un dentiste pour lui solliciter un dentier d'urgence. Une affaire de 48 heures. L'appareil n'était pas d'excellente qualité. C'était mal ajusté.
Le lendemain, elle retourna chez elle. Son séjour fut raccourci pour consulter son propre dentiste.

Malgré la vie plus au moins agréable chez Margot, je ne me trouvais pas trop à mon aise. J'avais pris la place de quelqu'un qui risquait de revenir assez rapidement. Chaque jour nous rapprochait de la fin de notre histoire.
Le destin avait choisi une fin, sous forme de télégramme. Son marin s'était cassé le bras et était rapatrié vers la terre ferme pour jouir d'un congé de maladie à domicile.
J'avais à peine 24 heures pour voir ailleurs. Margot était ;toute excitée, et m'avait visiblement déjà destiné aux oubliettes.
Je crois que moi aussi. En plus, je n'avais pas encore éliminé Marie

la Malgache de l'imagerie de mon cerveau.
Le jour même, j'étais devenu locataire d'une chambre d'hôtel, avec tout confort partagé sur le palier, payé une semaine d'avance, et presque plus un sous pour croûter. Margot n'avait pas pensé à rembourser une partie de ma contribution financière, et moi je n'avais pas osé lui demander.
Et comme tout à une fin, je décidais de mettre fin aussi à mon boulot puisque Conforama avec Dédé le Rouge étaient comme un miroir que je ne souhaitais plus regarder.

Virginie

C'était le premier mois de travail chez mon nouvel employeur comme chauffeur-livreur en produits primeurs. C'était aussi la fin du mois et je réduisais au maximum les acomptes pour ne pas pénaliser le mois suivant.
Ce samedi en octobre, je me promenais en ville. Quand je voulais traverser la rue aux feux tricolores, je l'avais vue immédiatement en face de moi, de l'autre côté de la rue. J'ai décidé de ne pas traverser, mais de l'attendre.
Je lui ai demandé son nom. Comme ça, sans détour. Je ne sais pas comment j'ai eu le culot de le faire, mais je l'avais fait.
- Je m'appelle Virginie, et toi ?
- Et moi Bertus …. T'es belle !
- Tu trouves ? Tu dragues toujours comme ça ?
- Je ne drague pas, je suis happé par le destin.
- Happé par le destin ? Tu cherches quoi ?
- Tu vis chez tes parents ?
- Non, chez moi. J'ai un appartement au centre ville. Puis elle me regardait avec un sourire en coin :
- Et maintenant tu veux aussi que je te donne mon adresse ?
- Oui, et aussi que tu m'invites.
- Maintenant ?
- Oui, ça ne sert à rien de perdre du temps.
- Ce n'est pas possible. Mais viens ce soir vers sept heures. Je t'invite à manger. On sera quatre à table.

- Quatre ? Et c'est qui les autres ?
- Surprise ! Me riait-elle.
- Tu vois l'entrée en face ? C'est au quatrième. A ce soir !
Le soir à sept heures, j'étais devant sa porte. J'avais raclé les fonds de poches et tiroirs et trouvé de quoi investir dans une bouteille «d'Asti Spumante«. Une boisson pétillante à base de vin blanc d'Italie. Histoire de ne pas venir les mains vides…
Virginie m'ouvra la porte et m'invita à entrer. Je lui donnai ma bouteille.
- Merci, me souriait-elle. C'est la boisson préférée de ma mère !
Merde, me disais-je dans ma tête, si la maman est aussi invitée, ça va être sublime.
- Parce que ta mère est là ? Demandai-je avec un timide sourire.
- Mais non, j'ai juste dit qu'elle aime bien l'Asti et en me prenant par les bras, elle me poussa dans la cuisine.
- Finalement on n'est que trois, je te présente ma fille Lise.
- Lise, voici Bertus, un ami de maman. Il partage notre repas de ce soir.
Je me penchais pour faire une bise et demander la banalité du jour :
- T'as quel âge ?
- Dans deux mois j'ai trois ans. Et toi, t'as quel âge ?
- Moi ? Eh bien, j'ai trente et un ans.
- C'est toi mon nouveau papa ?
C'est là que j'aurai dû partir de suite. Mais je n'avais pas, à ce moment, de raisons suffisantes. Lise était mignonne et sa mère pleine de promesses. Et puis, je ne suis pas homme à vivre seul.
Virginie avait pris Lise dans ses bras.
- Et si tu allais te laver les mains avant de manger ?
A table, Lise ne disait plus rien, elle m'observait. Chaque geste, chaque bouchée, décortiquée. Ses grands yeux brillaient de mille couleurs. Il me semble même qu'elle m'adressait un message silencieux de complicité.
Virginie avait préparé un boeuf bourguignon, je regrettais de ne pas avoir acheté une bouteille de vin rouge.
Virginie m'écoutait raconter mes exploits et j'ai écouté les siens. Vingt et un ans, déjà divorcée et deux enfants. Le fils de dix mois dormait chez mémé.
Elle travaillait comme secrétaire dans la salle de rédaction du journal local.

Après le repas, j'ai eu droit à plus d'intention de Lise. Elle me tirait la barbe.
- Tu ne te rases pas ?
- Mais non, je fais pousser ma barbe.
- C'est moche.
- Tu trouves ?
- Oui, très moche, et ça pique. Maman aime bien, mais pas moi.
- Ah bon, comme ça maman aime bien les messieurs avec une barbe !
- C'est l'heure du dodo, au lit maintenant ! Virginie coupa net notre conversation et accompagna Lise dans sa chambre.
- Bertus viendra te dire bonne nuit si tu es sage.
Lise dormait déjà quand j'ai voulu lui dire « bonne nuit » Il me restait à fermer la porte doucement.
Nous écoutâmes Léo Ferré. J'étais assis à côté d'elle, je lui tenais la main. Il faut bien commencer quelque part. De toute façon le piège était ouvert. Je n'avais plus qu'à entrer puis fermer la porte.
Le lendemain, la sonnette de la porte nous réveilla à six heures. C'était la mémé. Elle était venue chercher Lise pour la garder.
Lise était plus rapide que nous et avait déjà ouvert la porte.
- Mémé, mémé, criait-elle, j'ai un nouveau papa !
- Qu'est-ce que tu racontes, où est ta maman ?
Lise tira la mémé dans la chambre de sa maman.
- B'jour madame, disais-je tout en tirant bien la couverture jusqu'au menton.
- C'est Bertus, Maman, je suis dans la salle de bain. Je t'expliquerai ce soir. T'es en avance aujourd'hui.
Le soir, j'accompagnais Virginie chez ses parents pour chercher les enfants. Là, j'étais vraiment piégé. Sa mère me regardait comme le sauveur, le pépé me souriait comme un complice. Mémé me trouvait adorable, je lui avais offert la bouteille d'Asti Spoumante que nous n'avions pas consommée la veille.
J'avais droit à l'honneur de partager l'apéro, puis le discours habituel :
- Mais non, vous restez là ! Virginie va mettre une assiette de plus. C'était prévu qu'elle mange avec nous. Vous ne pouvez pas partir maintenant. Quand il y en a pour cinq, il y en aussi pour six !
Dix minutes plus tard, mon assiette était remplie de spaghettis à la bolognaise. Pépé, lui, il préférait les saucisses avec des pommes de

terre sautées. Moi aussi.
C'était certain, j'allais jouer mon rôle de papa.

L'Abattoir

Quelques temps après la rencontre avec Virginie j'étais embauché dans un abattoir comme chauffeur-livreur sur l'Allemagne. La proximité de la frontière (env. cinquante km) avait facilité le potentiel de clients. Et comme je maîtrise relativement bien la langue de Goethe …
L'abattoir vendait surtout les vaches de réforme, difficilement vendables en France, puisque nous préférons le jeune bœuf, un mâle castré. Les hamburgers et autres steaks hachés n'étaient pas encore à la mode.
Les Allemands achetaient nos vieilles vaches, accidentées avec des pattes cassées ou en fin de production de lait puisque trop vieilles pour encore mettre bas un veau et de ce fait produire le lait.
La viande de bovin mélangée à celle de porcin était transformée en saucisses, grande spécialité de ce pays. C'est comme ça que je partais trois fois par semaine avec mon camion et vingt tonnes de viande.
La marchandise était contrôlée par le service vétérinaire allemand au moment du chargement dans le camion.
Moyennant quelques frais de déplacement et un beau morceau de viande français de première qualité pour madame l'épouse du contrôleur, mon employeur évitait le contrôle plus strict du contrôle français.
Une fois le tampon allemand placé sur les carcasses, et le camion scellé, le contenu avait changé de nationalité, étant donné que seule la douane allemande pouvait ouvrir le camion pour vérification.
J'avais compris le trafic. Mon salaire était agréable, et j'avais moi aussi la viande gratuite et des saucisses offertes par des charcutiers allemands, des saucisses de nos vieilles vaches. Je
ne suis jamais tombé malade. Virginie et les enfants non plus.
Mon patron avait un gigantesque stock de viande congelée dans un

dépôt dans une ville frontalière en Allemagne. Cette viande était destinée à être transformée en steak haché et réimportée en France avec un contrôle français, cette fois-ci presque purement administratif. Un échantillon de la viande prélevée, et hop, la viande française, nationalisée allemande, et redevenue française sous forme de petits steaks à destination des grandes surfaces.

Un jour, on lui a fait savoir qu'il y en avait de trop. Le contrat avec l'entreprise allemande de stockage des produits surgelés prévoyait un certain volume et pas plus.

Mon patron a été mis en demeure de reprendre sans délai une partie de cette viande.

Il m'envoya charger le trop plein dans mon camion et faire un tour auprès des clients allemands charcutiers et autres bouchers pour leur proposer la viande en voie de décongélation et d'utiliser cette marchandise comme composant dans leur fabrication charcutière. Il n'y avait pas de demande en France pour la transformation en steaks hachés. Aujourd'hui, ce genre de trafic n'est plus possible. Et tant mieux. (quoi que ...)

J'avais une marge de quarante pour cent de remise sur le tarif normal. Si je donnais moins de remise, la différence était pour moi.

Au bout de deux journées, la viande n'était pas encore totalement décongelée, j'en avais vendu la totalité. Mon camion était vide et mon portefeuille plein. Tout était payé en espèces et sans facture. Il y avait des Deutschemarks pour un équivalent d'environ soixante mille francs.

Au retour, je m'étais arrêté dans un routier géant pour déguster un bon petit café au comptoir. J'ai papoté un peu avec la serveuse que je connaissais assez bien, suite à mes visites plus qu'hebdomadaires.

C'était presque onze heures du soir quand j'ai quitté la serveuse et son bar. J'arrivais chez mon patron vers minuit. J'ai garé le camion et j'allais prendre la sacoche avec l'argent.

Pas de sacoche, j'ai changé de couleur, j'avais défait toute la cabine du camion, mais toujours pas de sacoche. Je réfléchissais, il n'y avait qu'un seul endroit où je pouvais avoir perdu ou oublié la sacoche, c'était chez la serveuse au bar du routier allemand. Il n'y avait plus de temps à perdre.

J'ai laissé le camion et j'ai pris ma propre voiture. Je possédais depuis quelques jours une Panhard 24CT décapotable, repeinte en rouge Ferrari avec une certaine allure sportive moteur gonflé aidant.

Cent quatre-vingt dix km/heure promis et en assez bon état.Mais la voiture n'avait peut-être pas trop l'habitude de rouler à cette vitesse sur ce tronçon d'autoroute, Le pauvre moteur avait rendu l'âme quelques trois cents mètres devant une station service. J'ai glissé sans moteur pile jusqu'au parking.
J'ai pleuré, je n'avais pas un sous en poche, voiture foutue, et soixante briques et mes papiers dans la nature. Il y avait de quoi se sentir lamentable.
L'un des employés de la station service m'avait vu. Il s'appelait Franck.
Il s'approchait de moi et me demanda ce qui se passait.
Je lui expliquais la situation en deux mots.
- T'en fais pas, me disait il, on va trouver une solution. Viens
avec moi.
Je l'ai suivi jusqu'au parking à côté de la boutique. Il me présenta à son amie qui attendait la fin de service de Franck. Immédiatement, l'amie de Franck, je ne me souviens pas de son prénom, me conduisait vers ma destination à environ vingt km de la station.
Je me vois encore, quand je suis entré et que j'ai vu le comptoir de ce routier. Ma place, au bout du zinc était libre. Et pendue sur le côté, heureusement quasi invisible, ma sacoche.
- Te voilà déjà de retour ?
- Eh oui, à vrai dire j'avais oublié ma sacoche.
- Alors c'est à toi ? Je l'avais vue, mais je ne me suis pas inquiétée. Je pensais bien qu'on reviendrait la chercher.
Je lui ai montré ce qui avait dedans.
- Eh merde, disait-elle, je suis vraiment une conne.

J'avais gagné près de quatre mille francs sur les remises accordées. Ma voiture était bonne pour la casse, aussi je m'étais acheté une autre voiture, cette fois plus sage. Je me déplaçais désormais en 4L.
Il n'y avait pas de contrat de travail avec mon patron. De toute façon, il ne gardait jamais longtemps ses chauffeurs sur l'Allemagne de peur qu'ils maîtrisent trop bien les trafics divers et qu'ils gardent l'argent pour eux, puisqu'il ne pouvait pas porter plainte avec ses agissements pas trop clairs. Au bout de quelques semaines, il me donna une enveloppe agréablement remplie, me serrait la main en me disant un adieu ferme.

Peter

Longtemps, j'ai été persuadé que Virginie m'ensorcelait. Je n'ai pas d'autre explication, sauf que j'étais franchement attaché aux enfants de Virginie. Je m'étais imaginé qu'ils avaient besoin de moi. Plus tard, je me suis rendu compte que personne n'est indispensable.

Après l'époque de l'abattoir, Virginie et moi étions installés dans un appartement à Metz en centre ville pas loin de la gare.
L'appartement était magnifique. Grand salon et salle à manger à la suite, superbe cuisine et trois vraies chambres.
Je m'étais fait embaucher comme représentant en matériel d'éclairage pour les professions alimentaires.
Virginie de son côté avait quitté son travail depuis des lustres en se consacrant aux taches de « parfaite épouse » et mère.

Elle souffrait du syndrome d'embourgeoisement et dépensait lourdement notre budget avant terme. Sa garde-robe commençait d'avoir l'allure d'une boutique de fringues. Le nombre de paire de chaussures était impressionnant.
En ayant assez de voir lapider notre compte bancaire commun, je m'étais désolidarisé de ce compte en lui laissant la totale responsabilité, puisque nous n'étions pas mariés. C'était le contraire de mes convictions de la vie en couple. Ma décision était un cas de force majeure. J'avais ouvert un compte perso pour y recevoir mes salaires.
Je dis bien mes salaires parce que pour boucher le trou des dettes, j'ai aussi travaillé comme gardien de nuit dans un grand hôtel quatre étoiles non loin de mon domicile. Je commençais à travailler avec mes ampoules d'éclairage vers dix heures du matin. Le soir, je rentrais vers dix sept heures chez moi, un petit dodo, puis à table vers huit heures trente. Mon boulot à l'hôtel me prenait la vie de dix heures le soir à six heures le matin. Puis vite à la maison, au lit et lever à neuf heures, douche, petit déjeuner et au boulot.
J'ai tenu cette vie six jours par semaine pendant presque une année.

J'avais perdu la patience, ma bonne humeur et la joie de vivre. Il y avait des jours où je me demandais pourquoi je restais encore avec Virginie.
La réponse était simple, c'était Lise et Théo qui m'ont retenu sans le savoir d'ailleurs. J'aimais profondément les enfants. J'étais devenu leur papa. Certes, je n'avais pas de droits légaux, puisque leur père légitime, biologique et divorcé avait gardé tous les droits y compris le droit de visite. Il ne venait pas souvent, il habitait avec sa compagne à cinq cents km de chez nous. Pour les enfants, c'était moi le père, lui le « tonton ».

Quelques mois avant la fin de mon boulot à l'hôtel, j'ai rencontré un jeune homme qui visiblement était un peu perdu. Il tournait en rond dans le hall de la gare. Je lui ai adressé la parole, en lui demandant s'il cherchait quelque chose.
A ma surprise, il m'expliqua en mauvais français qu'il était hollandais et qu'il cherchait une chambre à louer. Il se destinait à devenir chef cuisinier et il s'était mis en tête que c'est en France qu'on fait la meilleure cuisine. En plus, il avait l'intention de s'inscrire à l'université libre pour adultes pour apprendre le français.
Parti un peu à l'aventure, Peter s'était donné cinq jours pour prendre des contacts valables pour son plan.
Il était fort sympathique au premier regard, et à vrai dire même au deuxième. Je l'invitais à venir à la maison. C'était l'heure du déjeuner. J'avais pas mal vendu ce matin-là, et un peu de repos me semblait une bonne chose.
Il accepta avec joie. Virginie était également ravie d'avoir un visage nouveau à table. A la fin du repas, Virginie proposa unilatéralement que nous avions une chambre de libre, si nous mettions les enfants ensemble. Comme ça, Peter n'avait plus besoin de s'inquiéter, mieux il pouvait manger avec nous et son linge serait propre. Pour le montant de ces prestations, elle déclara que cela n'était pas encore à l'ordre du jour, on en parlerait plus tard.
Je n'avais pas l'habitude de désavouer ma compagne, d'autant plus que j'étais bien à l'origine de sa présence à notre table.
Le jour même Peter s'installait durablement sous notre toit. Il avait vingt-deux ans, il était beau et très prévenant. Des bonnes manières à table et même dans la vie. Discret mais aussi envahissant par sa seule présence, puisque il était le sujet de conversation en son absence.

Au bout de quelques semaines, le soupçon de trahison était devenu plus pertinent. Surtout quand il n'y a rien d'autre à faire qu'être là pour les insomnies des clients de l'hôtel. Pendant ces heures de calme, je sommeillais parfois avec les yeux ouverts. Moultes pensées et fantasmes croissent dans ce cas dans le cerveau. On suggestionne, on se questionne, on ne sait pas et on suppose par défaut.

Une nuit, j'avais oublié ma clef de cuisine pour pouvoir servir les encas à des clients. Il n'y n'avait pas d'autre possibilité que de fermer la porte de l'hôtel à clef, de coller un écriteau : «Le portier fait sa ronde, de retour dans quelques minutes ».

Notre appartement était à peine à trois minutes à pied. Je rentrais sur la pointe des pieds, inutile de réveiller tout le monde.

Mes clefs se trouvaient dans notre chambre. J'ouvrais doucement la porte pour ne pas réveiller Virginie. C'était pas la peine, elle n'était pas là. Son lit n'avait même pas été défait.

Les démons des soupçons m'aidant, j'ouvrais une autre porte, aussi silencieux que je pouvais. C'était la porte de la chambre de Peter.

Il était quasi nu couché sur le ventre. La lueur de la lampe de chevet l'avait teint un peu en jaune or. Sa tête de côté désignait une satisfaction profonde. Il avait les yeux clos. Assise à la hauteur de ses reins, Virginie avait pris place, et caressait en mouvement de massage le dos de Peter. Elle était nue. A chaque mouvement vers le haut, elle se penchait de façon à ce que les pointes de ses seins suivent ses mains. « Nuit en satin blanc » des Moody Blues les accompagnait, ma chanson préférée. c'était le comble.

Ni Peter, ni Virginie ne m'ont remarqué. J'ai fermé la porte aussi délicatement que je pouvais. J'avais pu récupérer la clef posée sur la commode de notre chambre. C'était pour cette raison que j'étais venu.

J'étais obligé de retourner à mon poste de gardien. Les enfants étaient à la maison et dormaient paisiblement. Et puis le con, l'abruti dans l'histoire, c'était moi. Quelle idée d'emmener un jeune homme à peine deux ans son cadet et cerise sur le gâteau, beau mec ! D'autant plus que j'étais souvent fatigué et peu disponible pour des batifolages.

Il suffisait de faire partir ce jeune homme, et les choses reviendraient comme avant et c'était sûr, en mieux.

Ce matin-là, je n'ai pas été au travail de représentant. J'avais décidé

de rester à la maison et de parler avec elle. Il fallait mieux crever l'abcès.
La discussion tourna court. Virginie avoua d'avoir été trop loin, m'accusa de ne pas avoir été à la hauteur de ses désirs.
- Tu n'es jamais là, quand j'ai besoin de toi.
Et moi :
- Je suis fatigué, j'ai un double travail pour payer tes conneries.
Elle :
- Tu n'es même pas capable de satisfaire une femme.
Moi :
- Ce n'est pas une question de capacité, mais une question de disponibilité.
Elle :
- De toute façon, c'est de ta faute, un homme doit pouvoir subvenir aux besoins de sa famille et surtout de sa femme. Toi tu ne sais que tirer un coup… et encore, si j'insiste.
Moi :
- Bien, j'ai compris. Pourquoi tu ne vas pas travailler toi même pour payer ce qu'on doit ? Je serais plus disponible et notre vie de couple serait plus agréable. Je te sauterai tous les jours avec toute la conviction que tu penses de mériter.
Elle :
- Tu m'as regardé ? Là, tu rêves !
Moi :
- De toute façon, Peter ne reste pas ici. Il partira aujourd'hui même
Elle :
- Si tu fais ça, je pars aussi.
Moi :
- Je n'en crois pas un mot. T'es comme ta mère, des baratins mais sans suite.
Elle :
- Tu laisses ma mère en dehors de ça ! Tu me fais chier.
Moi :
- Alors je te fais chier ? Tu n'as vraiment pas de scrupules. Un silence s'installa comme nous n'avions plus rien à dire. J'en ai profité pour faire un tour en ville, et boire un petit café dans un troquet sympa avec des gens moins compliqués. J'avais envie de respirer.

Peter n'avait, je crois, pas envie de me rencontrer. Averti de mon absence par Virginie, il décida d'emballer ses affaires en toute hâte et de partir. Il prit le train pour la Hollande le jour même. Son contrat de travail se terminait de toute façon et il savait parler le français convenablement.
Le lendemain, Virginie me présenta des excuses, certes mesurées, mais c'était des excuses. Elle proposa de faire un effort, et moi de faire de même.
Et pour sceller tout ça, elle envisageait d'aller quelques jours chez ma mère en Hollande. Je pourrais la rejoindre plus tard le week-end. J'étais d'accord, d'autant plus que mon contrat avec l'hôtel se terminait à partir de ce dimanche matin.
Elle partait jeudi matin avec Lise. Théo a été laissé chez mémé, question de santé. Ce n'était pas prudent de voyager avec lui, compte-tenu de sa dépendance. Il était encore trop petit pour se mouvoir dans l'espace tout seul. Il souffrait de hydrocéphalie et était opéré pour la mise en place d'une dérivation interne permanente, entre le système ventriculaire et le péritoine.

Vendredi matin, je rentrais à la maison après mon gardiennage. C'était étrange de trouver l'appartement vide. Pas de bruit, pas de vie. Virginie me téléphona pour me dire qu'elle et Lise étaient bien arrivées. Elle expliqua que ma mère était sortie pour faire quelques courses et qu'après, elles partiraient visiter un parc d'attraction pour faire plaisir à Lise.
Comme le retour était prévu assez tard, elle me proposa de me rappeler samedi matin vers onze heures.
Son discours, était un peu trop huilé à mon avis. J'ai senti qu'il y avait des fuites. L'après-midi, j'ai décidé de téléphoner moi-même, pour voir…
Le téléphone sonna dans le vide. J'étais soulagé. Tellement soulagé, que j'ai décidé de retéléphoner le soir même, pour
savoir si la journée s'était bien passée. Il était neuf heures du soir. Ma mère répondit.
- Hallo Bertus
- Daag maman, mooie dag gehad ?
- Ja hoor, maar jammer dat Virginie zich niet goed voelde.
- Niet goed voelde ?
Ma mère m'expliquait qu'elle et Lise étaient parties toutes seules,

Virginie avait préféré rester au lit. Elle ne se sentait pas bien et proposa à ma mère de partir avec Lise sans elle pour ne pas décevoir la petite. Maman m'expliquait aussi qu'elle n'était pas contente, parce qu'elle estimait que Virginie mentait. Ma mère et Lise étaient rentrées plus tôt que prévu. Virginie n'était pas au lit, elle n'était même pas à la maison.

Une voiture l'avait déposée deux heures plus tard devant la porte et comme personne ne sortait de suite de la voiture, maman avait ouvert la porte et avait vu que Virginie embrassait l'homme au volant. Et pas une petite bise, non, une grosse et sur la bouche.

Elle me disait ne pas vouloir faire de scandale avec Virginie pour que Lise ne soit pas malheureuse.

- T'as intérêt à venir chercher ta salope de femme, me pleurait-elle au téléphone. Je ne veux plus la voir.

J'ai pris la voiture immédiatement et je fonçais chez ma mère. C'était trop. J'avais compris qu'elle avait tout organisé pour voir Peter son amant. C'était de la trahison pure. Le trajet a été absorbé en moins de quatre heures. A une heure et quart du matin, j'ai sonné à la porte. Ma mère m'attendait.

- Elles sont où ?
- Je crois qu'elles dorment.
- Je monte, et je vais lui dire ce que je pense.
- Il vaut mieux que tu dormes un peu sur le canapé, il ne faut pas agir sous le coup de la colère. En colère, on perd ses moyens.

J'avais peu dormi, et mal quand j'ai vu Virginie entrer dans le living.

- Mais, t'es déjà là ? me faisait-elle
- Ah t'as remarqué ? Et ça t'étonne ?

Puis je lui rentrais de suite dans le lard :

- T'étais où hier ? Soigner ta maladie imaginaire auprès de ce connard de Peter ?
- J'avais des choses à lui dire, à lui expliquer, que je m'étais trompé et que je voulais rester avec toi.
- C'est pour ça que tu lui as roulé une pelle devant la porte hier soir ?
- Je n'ai pas roulé de pelle, ah, c'est ta mère qui a dit ça ? Qu'elle arrête d'inventer, je n'ai rien fait de mal.

Ma mère qui avait tout entendu, ne pouvait plus garder son calme. Je ne l'ai jamais vue comme ça. Elle, la tranquille, juste capable de bouder en silence dans un coin, elle bondissait sur Virginie et lui administrait deux gifles magistrales. Virginie recula de deux pas, ma

mère aussi. Toutes deux étaient étonnées et surprises de l'effet de cette soudaine violence.
Maman rompu le silence :
- Tu fous le camp d'ici, et tu n'y mettras plus les pieds.
Une heure plus tard, le taxi était venu la chercher.

On m'a dit plus tard quelle était partie pleurer chez Peter pour les ramener en voiture vers Metz. Ce qu'il fit.
Je décidais de prolonger mon séjour chez maman. Histoire de se faire plaindre et dorloter.
Virginie et moi nous étions séparés. Les enfants ont été placés chez leur mémé. J'avais gardé l'appartement en accord avec elle. Virginie avait trouvé une place comme barmaid dans un cabaret en Allemagne tout près de la frontière française.
J'allais la voir de temps en temps. C'était pour avoir des nouvelles des enfants. Je n'aime pas ce genre de boîte à cul.

Les potes ambulants

Je m'étais reconverti en fripier. C'est-à-dire vente de vêtements d'occasion sur le marché. C'était une période intermédiaire.

Je m'étais mis à peindre à nouveau. Je me défoulais dans une démarche du désir de s'exprimer. Je voulais crier au monde de peur de devoir écouter ce qu'on me demandait.
Sur le marché, à côté de mes bancs de fringues, j'exposais parfois mes toiles sans autre commentaire. Je n'étais pas encore prêt à vivre la vie d'artiste et de faire les cabrioles qui vont avec.
Tous les jours, je me levais au petit matin pour aller m'installer sur le marché des villes à proximité de mon domicile.
Comme ce matin à Saint Avold. Je m'étais réveillé tôt pour avoir une belle place, n'ayant pas de place attitrée. Le jeu consistait à galoper derrière le placier municipal pour obtenir un emplacement pas trop à l'écart de la foule.
Ma camionnette, une vieille Estafette était déjà chargée et m'attendait devant la porte.

Mais que fut ma surprise de voir que le hayon arrière était ouvert et fracturé. Il n'y avait plus rien, même les bancs, les parasols et autres barnums avaient disparu. Les quatre tableaux que j'avais peints aussi !

Je m'asseyais sur le bord du trottoir. J'étais dans le merde, je n'avais plus rien. D'habitude, je vidais le camion, mais la veille j'étais rentré tard parce que j'avais été cherché de la marchandise chez mon grossiste.

Au bout de quelques minutes, un collègue avec son camion de charcuterie s'arrêta devant moi :

- Hé Bertus, tu ne vas pas au marché ce matin ?
- Non, je me suis fait blouser, on a tout pris cette nuit.

Mon charcutier sortant de son camion, m'a mis la main sur l'épaule et avec sa voix paternelle, comme pour rassurer son client que sa marchandise était du matin et fait maison :

- Tu devrais quand même y aller. Il y aura peut-être quelque chose à faire. On ne sait jamais, tu peux retrouver ta marchandise sur un banc !

Je lui ai fait « oui » avec la tête et je l'ai suivi.

Nous arrivâmes sur le marché. J'avais garé l'Estafette sur le parking réservé aux camelots en attente d'une place. Mon charcutier m'a dit d'attendre là, qu'il partait se renseigner. Par trois fois, il vint me voir pour me redire de ne bas bouger de là.

La quatrième fois, il m'a dit de le suivre. Il rigolait et me tapait sur l'épaule en me disant que la journée était belle.

Il s'arrêta devant un déballage de bric et de broc. Il y avait de tout, des fringues, des casseroles, des jouets, quelques montres de bas de gamme, des chaussures, du parfum, des peignes et plein d'autre choses.

- Tu vois, me disait-il, c'est à toi tout ça, même le barnum et les clayettes. C'est de la part de tes collègues. Regarde autour de toi, il y a Nordine, Élie, Ben, Youssef, Jean-Pierre, Arthur, Isabelle, Rachid et bien d'autres. Chacun a donné un peu de sa marchandise. Élie t'a donné le parasol, que tu dois réparer un peu, ça mérite quelques collages, mais la structure est en bon état. Les clayettes, les bancs sont de Nordine. Vas vite, t'as des clients, tu vas dérouiller …

Nana, ma fidèle chienne s'était déjà installée sur un vieux tabouret, comme si elle ne voulait rien manquer de l'événement.

Mon premier client m'avait acheté deux chemises énormes, moi, j'ai

pleuré. Le client me regardait bizarrement.
Malgré les efforts de mes amis, le marché ne pouvait plus nourrir son homme, je n'avais pas assez de marchandises pour créer un roulement.
J'ai décidé d'abandonner le marché.

Piège à con …

Lors d'une promenade en Allemagne, j'avais découvert un lotissement de chalets en bois. C'était beau et bien fait. Il y avait un chalet témoin avec un bureau de vente. Sans savoir pourquoi, sauf la curiosité de voir à l'intérieur, j'étais entré pour regarder et me renseigner. Certes, je n'avais pas les moyens d'acheter, mais de m'informer et de jouer l'acheteur potentiel, oui !
Au bout de quelques minutes, j'étais enchanté. J'expliquais qu'il y avait sûrement un marché à développer en France, et que je me proposais de le faire.
Le constructeur m'écoutait avec intérêt et me donna rendez-vous à Metz dans les bureaux que je prétendais occuper. J'avais exactement quatre jours pour transformer mon appartement en local commercial.
D'abord, avec l'aide d'un copain, nous déménagions tout ce qui rappelait ma vie commune avec Virginie dans une pièce que j'ai fermée à clef.
La table à manger se transforma en bureau de direction, les fauteuils en sièges visiteurs. La pièce en suite en poste de secrétariat.
Il y avait une vente aux enchères chez un huissier et j'achetais à bas prix deux bureaux de secrétaire, une machine à écrire et encore quelques chaises.
Puis quelques dossiers que je remplissais de papier vide de mots et de pages de magazine découpées pour faire décor.
J'avais également affiché des prospectus de mon copain qui était représentant en chauffage de tout genre pour faire croire que j'étais en activité commerciale.
Son amie, qui ne travaillait pas, me proposa de jouer la secrétaire malgré son ventre qui affichait un heureux événement dans les deux mois qui suivaient.

Tout était prêt pour recevoir mon constructeur allemand.
Il était enchanté, et après deux heures de discussion, nous établissions un protocole d'accord pour une exclusivité territoriale pour la France et pour une période d'essai de six mois. J'étais obligé de vendre au moins cinq unités, quelque soient les dimensions. Il me fournirait des échantillons de bois lesquels s'emboîtaient les uns dans les autres, formant ainsi une construction solide de poutres de soixante quinze millimètres d'épaisseur. Il y en avait assez pour me bricoler une sorte de bar-comptoir dans le couloir qui servait de réception à la clientèle.

À peine deux semaines plus tard, l'affaire pouvait démarrer.
Je m'étais inscrit à la chambre de commerce, statut d'entreprise individuelle pour donner un cachet sérieux, et obligatoire. Me voilà devenu chef d'entreprise, mais aussi commercial, secrétaire, comptable, homme de ménage, etc.
Le but était de trouver des clients potentiels, de les ramener en Allemagne à mes frais si besoin était et de montrer le produit fini.
Au bout de quatre semaines, j'avais signé neuf contrats d'étude et je n'étais pas encore obligé d'accompagner mes clients en Allemagne. Le prospectus, les fiches techniques et mon bar suffisaient allègrement.
J'étais heureux, l'affaire fonctionnait à merveille et c'était mieux que de surveiller quelques dizaines de mains de clients fouillant dans les fringues entassées sur les bancs du marché.

Heureux jusqu'au jour où il sonna à la porte. Il s'appelait Juan Lopez. Il était espagnol. Sa famille et lui avaient quitté l'Espagne en raison de la terreur de Franco.
Juan avait du coffre, sa voie portait aussi loin que dans un air d'opéra. Il parlait comme s'il interprétait une partition. Aucun accent, contrairement à moi. Il était venu me voir parce que son cousin m'avait acheté un chalet de six belles pièces avec abri voiture et terrasse.
Il était venu prendre les plans pour le permis de construire. C'était justement sa spécialité. Dessinateur en bâtiment, un peu maçon, il me disait capable de s'occuper de la construction du chalet et de s'occuper surtout de la fondation en béton.
Le chalet était vendu en kit. La construction était assurée par le client

lui-même ou par un artisan désigné par nos soins.

Il me chantait les louanges de ses capacités administratives et connaissances des textes en matière de construction en France avec sa belle voie d'opéra. Quand il parlait, il manquait juste la musique. En plus, il savait cuber un chantier et calculer le coût de revient. Il m'avait persuadé qu'il avait des clients dans l'incapacité de monter le kit et de s'occuper du reste. Je pouvais avec son aide augmenter mon chiffre d'affaires.

Il était vraiment très fort. Il m'avait persuadé en moins d'une heure que sans lui mon affaire était vouée au désastre à plus ou moins court terme.

Je lui demandais de venir bosser avec moi, et de voir si une éventuelle association était envisageable.

Le lendemain, il était présent à huit heures tapantes, avec un projet et des statuts d'une SARL dont il serait le gérant de départ. Il proposa d'investir la totalité du capital social, en me donnant la moitié cadeau en compensation du travail que j'avais déjà fait. Je restais néanmoins titulaire du contrat d'exclusivité.

Il me proposait d'alterner la gérance tous les ans, pour garantir l'égalité des associés.

J'étais bombardé directeur commercial, lui s'occupait de la gérance et de la technique.

J'ai demandé une semaine de réflexion et au bout de six jours, je lui avais donné mon accord.

Tous les jours, Juan était là, il travaillait sur les projets et s'entretenait avec les clients avec une facilité déconcertante.

Il ne demandait rien pour ses efforts.

Au bout de deux semaines et quatre ventes fermes plus loin, il me proposa d'ouvrir un compte bancaire à son nom, un compte à transformer en compte société dès que les statuts seraient enregistrés.

J'étais d'accord. D'autant plus qu'il m'avait montré un chèque de trente mille francs tiré sur une banque connue dans l'île de la Réunion. Je n'avais pas compris que la compensation de ce chèque pouvait se prolonger de plusieurs jours. La Réunion, c'était loin malgré son appartenance à la France. Dans les années soixante dix les ordinateurs n'offraient pas les possibilités de ce jour et internet était inexistant.

Évidemment avec les versements d'acomptes de nos clients, la banque avait crédité le chèque sous réserve de bonne fin.

Plus tard, j'ai compris que Juan avait pris trente mille francs sur ce compte pour les envoyer par télégramme à sa banque de la Réunion pour couvrir le chèque de trente mille francs initialement sans provision. C'était un délit de cavalerie financière.

Un matin, la compagne de Juan me téléphonait pour me dire que Juan était malade. Il avait trop picolé la veille, ce qui lui arrivait parfois. Il était fragile de digestion et ce genre d'excès lui était interdit. Le problème, c'est qu'il aimait l'alcool.

J'étais seul au bureau. Facile, parce que j'habitais toujours sur place. Je décidais de ne pas aller en tournée.

A peine neuf heures du matin, notre fournisseur allemand était au téléphone. Il réclamait Juan. Je lui expliquais avec discrétion le motif de son absence.

Sur ce, il me demanda avec insistance de lui dire d'activer le versement d'environ cent mille francs comme premier versement pour les chalets vendus et commandés en Allemagne, dont Juan avait encaissé les chèques d'acomptes.

Me sentant soudainement mal à l'aise j'évoquais les autres ventes réalisées par moi-même avant l'arrivée de Juan. Ce dernier m'avait assuré que les acomptes préalablement encaissés sur son compte, pour un total de cent quarante mille francs avaient été reversés à la banque de notre fournisseur. Il n'en était rien. Il n'avait même pas connaissance de toutes les ventes réalisées.

Je faisais semblant d'avoir quelqu'un à la porte de mon bureau et je raccrochais.

J'étais rouge de stupeur. Le total s'élevait à deux cents quarante mille francs !

J'ai immédiatement téléphoné à la banque de Juan en me faisant passer pour lui.

La préposée au guichet me donna sans autre discussion le solde : près de deux mille francs en rouge !

Avec ces renseignements, je fonçais au domicile de Juan. Sa compagne m'ouvra la porte. Du couloir, j'avais vue sur la cuisine et là, mon Juan d'Emmerdes était assis derrière son bol de café, en train de reprendre ses esprits, tout en engueulant copieusement sa compagne de ne pas l'avoir réveillé pour aller au travail. Du pur théâtre !

Debout, je me plaçais en face de lui.

- Qu'est-ce c'est comme bordel, t'as fait quoi avec tout ce fric ?

- Alors tu ne me fais pas confiance ? me répliquait-il
- Dis-moi où sont ces deux cent quarante deux mille francs qui manquent sur le compte et je te dirai si je te fais confiance ou pas !
Juan leva la tête, et avec ses yeux noirs un peu injectés de sang me répondit :
- Ça ne te regarde pas, c'est moi le titulaire du compte. Si tu es assez stupide pour donner ton aval pour que l'argent soit versé sur mon compte perso, c'est ton problème et pas le mien.
- Stupide, moi ? Mais tu es un escroc !
- Moi un escroc ? Tu ne sais pas ce que tu dis. Et si on te demande quelque chose, tu n'as qu'à dire que tu me devais
cette somme
- Je ne te dois rien, t'es malade ou quoi ?
- Possible, mais c'est ce que je vais dire. Juan me regardait avec ce petit sourire plein et ajouta : Hé bè, si tu n'es pas content, c'est pareil.

Le jour même, je me suis présenté à la police. J'ai tout expliqué. J'avais également demandé conseil à un avocat.
Juan était venu entre temps pour prendre quelques affaires, y compris le contrat avec l'allemand. Même la machine à écrire a été emportée. Faut dire qu'il avait bon goût, puisque il avait aussi pris une toile que j'avais peinte avec mes folies abstraites. J'aimais bien ce tableau.

Le lendemain, j'ai fait changer les serrures de l'appartement et j'ai ôté la plaque professionnelle. J'avais également écrit au fournisseur des kits que je me retirais de l'affaire au profit de Juan. Désormais il était en affaire avec lui.
Quelques mois plus tard, j'étais convoqué chez le juge d'instruction, puis cité comme témoin au tribunal. En fait, mon allemand et mon Juan étaient de mèche. Le véritable constructeur était en Suède. Ce que j'ai pris pour le constructeur n'était qu'un obscur indic d'affaires.
Il fallait des pigeons pour une arnaque organisée. Un de ces pigeons, c'était moi.
Juan était condamné à une peine de prison en partie avec sursis, une amende, et la restitution des fonds aux clients initiaux, plus une amende pour cavalerie financière puis des dommages et intérêts.

L'allemand ne s'est jamais présenté. Je crois qu'on le cherche toujours, ou bien il y a prescription.
Moi, je ne fus pas inquiété. J'ai même, du fait que je m'étais porté partie civile, eu des dommages et intérêts pour un montant de cents francs ! Le presque « franc symbolique ».

Il faut quand-même dire que j'étais assez stupide pour me fourrer dans les problèmes grâce à des belles paroles d'un baratineur.

Petite fête entre copines

J'étais en chômage. Mon rêve de constructeur délégué étant en miettes, il fallait trouver autre chose pour nourrir l'homme. Je commençais à vendre les meubles en trop, notamment ce qui constituait « mon bureau ». Déjà mon appartement était souvent squatté par des « copains » en manque d'espace chez eux ou avec des frigos vides. Cela ne pouvait non plus continuer. L'un des copains me proposait de louer une chambre à une copine.
Elle était étudiante. C'était une situation temporaire pour deux ou trois mois. La fille n'était pas mon style, mais elle était sympa. J'acceptai.
Très vite nous prenions notre repas ensemble et elle profitait largement de mon espace de vie pour regarder la télé ou pour écouter de la musique.
Un soir elle avait invité quatre amies pour passer une soirée ensemble. Les cinq filles s'invitèrent à chacun son tour, une fois par mois. Sa chambre étant trop petite, la soirée s'était déroulée dans mon salon.
Dans ces conditions je m'étais donc invité d'office, bien que ces soirées fussent en principe réservées exclusivement aux filles.
Josiane avait acheté quelques bouteilles et de quoi grignoter. Les premières heures, je n'avais pas d'autre chose à faire que d'écouter les bavardages sur des gens que je ne connaissais pas. Je me contentais de servir à boire et de manger.
Plus tard dans la soirée, l'une des filles proposait un jeu. C'était la fille qui était visiblement plus à l'aise. Elle mélangeait un peu de

vodka et du jus d'orange dans une bouteille vide. On s'assoit à terre autour de la bouteille couchée.
On fait tourner la bouteille, puis le culot désigne la victime. On pioche ensuite dans un jeu de questions et réponses. Si la personne sait la réponse, on refait tourner la bouteille pour trouver une autre victime. Si on ne sait pas la réponse, on est obligé d'enlever un vêtement.
J'en étais certain que ce jeu ne me concernait pas. J'étais le seul garçon et je n'avais aucune affinité approchée avec l'une des filles.
Quand je voulais me lever pour aller dans ma chambre, je tombais sur un refus unanime. C'était beaucoup plus marrant que je reste avec elles et que je joue aussi.

Au bout d'une heure, trois des filles avaient perdu leurs vêtements. Moi, j'avais encore une chaussette et mon caleçon.
Les deux autres filles avaient encore la moitié de leurs fringues.
Nous étions fatigués, les perdantes étaient plus au moins éméchées. Josiane préférait clôturer la soirée. Tout le monde s'en allait se coucher. Il y avait la place pour deux filles seulement en dehors de Josiane. Je proposais les fauteuils ou le tapis avec quelques couvertures.
Moi, je passais par la cuisine pour boire un café, et dans la salle de bains pour me rafraîchir un peu.
Quand je voulais aller dans mon lit, il y avait déjà deux filles sous les draps. Il était hors de question que j'aille m'allonger sur le tapis. Il n'y avait pas d'autre possibilité que de me sacrifier. Je m'installa en milieu . Elles ne dormaient pas encore. Elles m'attendaient pour me souhaiter une « bonne nuit ».
Le matin, nous avons déjeuné tous ensemble. La soirée était sympa et la nuit courte mais bonne !

Café et chocolat chaud

Je n'ai jamais été en manque d'idées. Je distribuais des dosettes de boissons chocolatées en poudre. Ce produit était destiné aux cafetiers et autres tenanciers de bars et de brasseries. J'avais l'exclusivité sur

la région Champagne-Ardennes avec le statut de représentant salarié et commissionné.
La société avait son siège social à Metz. J'étais recruté pour prospecter des nouveaux clients dans la Marne. Mon patron me fournissait une voiture, certes pas neuve, mais en bon état. Il m'avait promis de m'aider avec les frais de déménagement, à condition que je puisse stocker ses produits chez moi pour la vente « à laisser sur place ». Pour moi, il n'y avait aucun problème, le job me paraissait bien. J'étais quasiment mon propre patron avec l'avantage de ne pas me soucier des paperasseries d'un entrepreneur.
Depuis quelques semaines Virginie était revenue. C'était Noël, j'étais à nouveau seul. Elle avait sonné à ma porte, elle me suppliait d'ouvrir et de la faire entrer. Pour parler, me disait-elle.
Nous avons parlé, nous avons couché aussi. Elle est restée. Les enfants nous ont rejoints le lendemain. Tout était (presque) comme avant. Comme si de rien n'y était.
Six mois plus tard, nous nous mariâmes sans la présence des parents. Ma mère n'a pas voulu se déplacer. Elle désapprouvait le mariage. Les parents et les sœurs de Virginie n'ont pas donné d'excuses.
Virginie était souvent absente, et moi je menais plus au moins une vie de célibataire. Le mariage était une tromperie absurde.
Les premiers deux mois, j'avais bluffé tout le monde au sein de la boîte où je travaillais, avec mon chiffre d'affaires. Les prévisions ont été écrasées. La réalité était multipliée par trois. La conséquence étant, que ma rémunération était également multipliée par trois.
Je fus appelé dans le bureau du grand manitou, épaulé par son fidèle serviteur, le directeur commercial. Le manitou tenait personnellement à me transmettre mon chèque en me disant sur un ton confidentiel :
- Quand même, ceci n'est plus le salaire d'un représentant, mais un ticket gagnant au PMU avec des outsiders à l'arrivée.
Je lui répondais que c'était le fruit de mon travail et d'une certaine organisation. Sur ce, il m'avait mis en garde, ce que je trouvais bizarre venant de sa bouche.
- Tout de même, il faudrait vous calmer un peu. Sinon nous aurions peut-être des problèmes à vous suivre… D'ailleurs, compte tenu de votre chiffre d'affaires, il faudrait recalculer les pourcentages de vos commissions.
Je lui répondis :

- Vous pouvez aussi augmenter votre salaire et celui de votre directeur, si vous avez peur que je gagne plus que vous !
Le mois d'après, mon manitou m'avait fait savoir que le règlement de mon salaire serait retardé d'une vingtaine de jours.
Encore un mois plus tard, il chanta la même chanson. Avec la différence qu'il n'avait pas encore payé le mois d'avant.
Entre temps, j'avais encaissé les factures pour son compte. Les règlements se faisaient encore en majorité en espèces. Muni d'une belle somme d'argent, je m'étais rendu à Metz.
C'était l'hiver. Quand j'étais arrivé, je sentais comme un malaise. L'un de mes collègues qui œuvrait sur les Vosges me confia que c'était la fin. La direction allait déposer le bilan le lendemain. Aucun salaire n'était honoré.
Quand j'étais entré dans le bureau du patron, il était enfoncé dans son fauteuil et visiblement pas à jeun. Il avait bu, beaucoup trop pour assumer son état.
Je lui montrai les espèces que j'avais sur moi. Je lui faisais signer un reçu.
Tout en gardant la main sur les sous, je lui tenais un reçu signé par moi pour la somme équivalente en guise d'acompte. Il n'y en avait pas assez pour couvrir mon salaire en retard.
Entre temps son directeur commercial et également associé, était entré dans le bureau. Il avait également mauvais mine.
La suite était simple. J'allais redevenir mon propre patron. Je proposais de garder la voiture avec une cessation, puis de garder les quelques cartons de marchandises stockés dans le sous-sol de ma maison.
J'achetais ensuite autant de cartons de dosettes de boisson chocolatée au tiers de sa valeur de vente, que la voiture pouvait supporter en payant immédiatement la facture en espèces.
Il était convenu également que les quelques clients qui n'avaient pas encore réglé leurs livraisons seraient surfacturés par mes soins. Me voilà au début d'une nouvelle aventure.
Rapidement, je commençais à vendre d'autres produits, comme le café en grains ou en mouture, des bonbons, des cacahuètes et même des œufs durs, que je cuisais et pelais moi-même. Un jour, on m'avait proposé d'acheter de quoi torréfier le café moi-même. C'était une grande cuve en cuivre avec une spatule en bois de chêne à l'intérieur pour brasser les grains de café. L'ensemble était chauffé

avec du charbon de bois. La quantité était réduite, seuls vingt-cinq kilos pouvaient être torréfiés à la fois. Par contre, la qualité était sublime. J'arrivais à brûler un café aux saveurs uniques. Tous les jours, je me levais à quatre heures et demie pour allumer le foyer de ma brûlerie dans le garage au sous-sol. Une heure après, j'embaumais le quartier. Je n'ai jamais eu de réclamation !

Mon affaire avait tenu un peu plus de dix-huit mois. Le cours du café vert avait doublé en quelques semaines; le prix de vente n'avait pas suivi, la marge étant bloquée. Moi non plus, je ne pouvais plus suivre. J'étais obligé de sonner le retrait de mes affaires. Dommage, j'aimais vraiment mon boulot.

Doctrine échouée, liberté gagnée

Philippe était premier secrétaire d'une section du Parti C. Son bénévolat pour le parti a était poussé à l'extrême. Certes, il ne croyait pas trop en Staline, qu'il voyait plus comme une sorte de dictateur tâché de sang et de crimes contre l'humanité en opposition de certains camarades de vieille souche. Philippe était très attaché aux principes fondamentaux de la justice humaine.
Les gens payés au lance-pelle, l'arrogance de certains patrons lui étaient insupportables.
Nous nous sommes rencontrés par hasard. Je ne me rappelle pas exactement comment.
Un jour, il me proposa de venir avec lui défendre Thérèse, une maman avec cinq enfants dont l'aîné avait à peine douze ans. Le mari s'était sauvé quelques mois auparavant avec une jeunette bien chaude. Ça lui était monté à la tête.
La jeunette ayant des goûts à la hauteur de ses prestations, le mari ne pouvait ou ne voulait plus mettre la main à la poche pour y tirer son portefeuille et aider Thérèse et ses enfants. C'était un mauvais coup pour son elle. Déjà dans la vie commune, il y avait des loyers et autres factures en retard, incapable de rattraper ce retard, pis, incapable de payer le loyer de sa maison chaque mois.

Le propriétaire voyait ça avec un mauvais œil et les menaçait d'expulsion. Après les recommandés d'usage, les mises en demeure, l'huissier de justice s'apprêtait à venir ce matin-là pour procéder à l'expulsion forcée.
Philippe était au courant des intentions de l'huissier, puisque sa belle-sœur travaillait comme dactylo dans le cabinet de l'homme de loi.
Nous étions environ quarante camarades pour bloquer la porte et empêcher l'huissier de faire son travail de bourreau. Nous étions tous assis à terre, main dans la main avec un panneau « vous ne passerez pas ici».
Philippe, porte-parole de notre groupe de manifestants, négocia avec les autorités. Menaces de la force d'ordre, les flics étaient là aussi, mais rien ne pouvait nous faire partir.
La presse locale fut également prévenue. Ce genre d'événement, c'était du pain béni. Chaque fois que l'huissier nous ordonnait de partir, chaque fois Philippe répondait, chaque fois nous chantions la Marseillaise, le micro était ouvert. Même la radio pirate locale était présente.
L'action de l'huissier a été annulée par des instances plus haut placées, peut-être le sous-préfet mais je ne suis pas certain. En tout cas, au bout de plus de trois heures nous avions réussi. La famille restait sur place, mieux encore, les services sociaux avaient enfin promis d'étudier le dossier, et de voir ce qu'on pouvait faire.
Le lendemain, avec un petit café au bistrot du coin, on en parlait encore. Je trouvais tout cela super bien.
Philippe avait senti que j'étais chaud pour le rejoindre et prendre ma carte au Parti C …
Il m'avait introduit dans ma future cellule (oui, oui, ça s'appelle comme ça) et me présentait aux camarades.
Tout de suite, je me suis emmerdé avec des discussions dans le vide. Philippe ne faisait pas partie de cette cellule et n'était donc pas présent lors de notre réunion hebdomadaire chez l'un ou chez l'autre. Je lui avais fait part de mon ennui, il me sourit :
- il y a des camarades qui sont là depuis la résistance. Ils savent à peine que Staline est mort depuis pas mal de temps. Il ne faut pas leur en vouloir. Ce sont de bons camarades, parce que quand on besoin de monde, ils sont tous présents.
Philippe travaillait indirectement pour le parti. Il était vendeur à

domicile pour les éditions S. du parti, proposant des ouvrages aux camarades. Il disposait du fichier des « encartés » et d'un certain nombre non négligeable de sympathisants.

Prendre un rendez-vous était dans ces conditions facile. Vendre aussi. D'autant plus qu'il ne vendait pas directement des livres mais des mensualités pour les obtenir.

Il me proposa de me présenter son chef de vente à Paris. Il y avait un secteur libre dans l'Aisne autour de Saint Quentin.

J'étais très intéressé, je connaissais le revenu de Philippe, nettement supérieur au mien.

À Paris, et après une longue conversation avec son responsable de ventes, j'étais engagé. On me proposa un salaire doté de commissions payables dès sept jours après signature du contrat avec le client.

J'étais obligé de déménager encore une fois, mais cette fois-ci pas de soucis, tout a été pris en charge par les camarades. Pour me loger, on m'avait trouvé un appartement assez confortable dans un quartier sympa dans les alentours de Saint Quentin.

Mieux encore, mon nouveau patron me faisait établir un chèque de quatre mille francs pour me donner le temps de m'installer et de prendre mes marques. Visites de convivialité comprises, à mon nouveau secrétaire de fédération, de section et de cellule. A la fédération, on m'avait fourni une liste des camarades avec les annexes (sympathisants connus) et mieux encore, une belle liste de socialistes, programme commun oblige.

Je décidais de me mettre au boulot assez rapidement.

Nana, ma chienne, m'accompagnait en voiture.

Je n'ai jamais eu un travail si facile, c'est la stricte vérité. Je commençais à cinq heures de l'après-midi et je rentrais vers onze heures du soir au plus tard.

Pratiquement tous les soirs, j'ai été invité à partager le couvert chez mes prospects. Sur dix visites, pas moins de six ventes étaient réalisées. La plupart du temps, j'ai vendu des collections allant de six cents à trois mille francs et j'empochais net vingt pour cent de commissions.

Une soirée bien remplie m'apportait pas moins de sept cents francs. Bien sûr les frais de déplacement étaient à ma charge.

L'ouvrier gagnait moins de deux mille francs s'il était spécialisé. Moi, sur le mois avec vingt heures par semaine, je gagnais environ douze mille francs par mois.

A la cellule, il y avait de la jalousie, un camarade qui connaissait le système l'avait expliqué lors d'une réunion. Le secrétaire de cellule regardait avec envie ma Mercédès d'occasion. Il avait oublié que sa voiture neuve coûtait trois fois plus cher à l'achat que ma Mercédes d'occasion. Je lui avais dit, mieux, je lui avais expliqué qu'un moteur diesel se cassait rarement dans ces marques, il suffisait de l'entretenir avec soin.

Deux jours après, il avait vendu sa Peugeot et avait garé sa Mercédès devant sa porte.

Une Mercédès plus récente, plus belle et surtout plus chère. Sa compagne était venue m'engueuler en public. Elle estimait que c'était de ma faute, parce que j'avais faire naître un sentiment de jalousie chez son homme. Il lui a fallu prendre un crédit plus élevé et la vie était déjà assez difficile comme ça.

Rapidement, je commençais à bouder les réunions de camarades. J'avais autre chose à faire. Je préférais me balader en ville pour aller draguer une fille. J'étais en froid avec Virginie, qui avait quitté la maison avec ses enfants. Célibataire c'est bien, mais pas toutes les nuits.

A mon boulot, malgré mon chiffre d'affaires soutenu, un malaise s'était installé. Une fois par mois, il y avait une réunion des délégués au siège du Livre club du parti. On avait droit aux discours de quelques camarades députés, et même une fois une poignée de main de Georges M. Certains ne se lavèrent plus les mains pendant des jours…

Notre patron étant indirectement le parti C., nous étions syndiqués presque d'office. Aussi, on m'avait proposé de devenir membre du syndicat proche du Parti. Je suis assez contestataire et avait pas mal de reproches à faire quant à l'ingérence dans ma vie privée. J'estimais qu'on se mêlait de trop.

J'annonçais mon intention de m'inscrire à la F.O. juste pour les enm…er.

A partir de ce moment, j'ai été mis à l'écart. Je n'avais plus droit à la poignée de main de certaines stars du Parti. Mieux encore, on m'avait fait comprendre que si je ne venais pas, c'était aussi bien.

J'étais considéré comme un rebelle, je n'étais pas suffisamment endoctriné et de ce fait pas discipliné. La preuve était que j'avais adhéré à une association en création baptisée « Mieux vivre ». Le but étant d'œuvrer pour que la culture soit plus mise en avant, que les approches d'amitié et de respect entre les différents quartiers et communautés soient favorisées dans notre commune.

Mon engagement au sein de cette association était considéré comme une trahison. Comment j'avais osé, m'inscrire, devenir membre actif de cette association sans informer et obtenir l'autorisation de mes camarades responsables.

D'ailleurs, on m'avait fait comprendre que le parti aurait peut-être pu envoyer quelqu'un plus apte à le représenter.

J'ai eu beau dire que j'étais candidat et élu dans le conseil d'administration à titre personnel, rien n'y changea. Quand on était membre du parti C., les initiatives de ce genre étaient uniquement issues de décisions collectives endoctrinés par les « chefs ».

J'étais convoqué à la direction de la cellule devant mes camarades en présence d'un membre du bureau de la fédération départementale.

Le camarade fédéré m'afficha un blâme sévère et une mise en garde pour mon comportement anti-collectif. Un rapport serait établi pour en informer la direction de mon travail. C'en était trop.

J'ai expliqué avec des mots clairs qu'ils pouvaient se faire voir chez les Grecs ou ailleurs et que je n'avais rien à faire de leur blâme.

De toute façon, je ralentissais déjà mon rythme de travail puisque à cette vitesse, même réduite, bientôt le fichier aurait été épuisé.

En plus, je commençais à avoir certains remords à prendre de l'argent chez des gens simples avec peu de moyens, mais néanmoins très généreux, pour des livres qu'ils ne liraient probablement jamais.

Le divorce avec Virginie fut rapide, nous n'avions pas d'enfants en commun, et les torts ont été partagés. Lors de la séance de réconciliation, Virginie m'avait plus au moins fait savoir qu'un retour en arrière pourrait être possible. Je n'ai pas voulu donner suite.

Je n'ai plus eu de nouvelles d'elle, d'ailleurs je ne cherche plus à en avoir.

Miracle !

Dans notre existence, il y a toujours un événement qui fait date dans l'histoire d'un homme. Cet événement pour moi est venu frapper à ma porte le dix-neuf novembre.
Tout commença quelques semaines avant cette date, une envie pressante de Nana, ma chienne nous avaient fait sortir tardivement pour lui permettre de faire pipi. Histoire aussi pour Nana de relever les odeurs de sa tournée habituelle.
J'habitais au deuxième étage dans un immeuble de trois. En bas de l'escalier, ils étaient là : Suzanne, Michel et leur bébé Bruce. Je ne les avais jamais vus avant.
- Bonsoir, faisais-je.
La jeune femme me regardait en pleurs et murmurait :
- Bonsoir m'sieur.
Nana était déjà à la porte de l'immeuble, je l'ai suivie mais curieux, j'ai raccourci le trajet une fois que Nana avait fait ses besoins.
Le couple et le bébé étaient toujours là. Assis sur l'escalier, une panoplie de bagages autour d'eux.
- Qu'est-ce qui vous arrive ?
- Rien, ça va y aller, me répondit le jeune homme.
- Ça n'a pas l'air.
- Il nous a foutu dehors. La femme pointa son doigt vers la porte d'un appartement au rez-de-chaussée.
- Foutu dehors ?
- Oui, avec tous nos bagages et le bébé.
Je réfléchissais vite. Humainement, on ne pouvait pas laisser des gens dehors, en plus si c'est quasiment devant sa porte... En tout cas, il fallait même les enjamber pour passer !
- Bien, venez avec moi, j'habite au deuxième, vous dormirez chez moi et demain, on y verra plus clair. Ils acceptèrent sans dire un mot.
Le lendemain, Suzanne me réveilla avec gentillesse. J'avais installé mon quartier de nuit sur le canapé, pour que le couple puisse prendre mon lit capable d'héberger deux personnes.

- Le petit déjeuner est prêt, me dit-elle.
- Ne parle pas trop fort, le bébé dort encore et Michel aussi.
Je lui demandais de me raconter ce qui se passait.
- On est de Brive, m'expliquait-elle,
- Michel travaille avec les chevaux, et il a perdu son boulot. Je viens de terminer mes études, je suis éducatrice pour enfants en difficulté. Je peux facilement trouver du boulot partout. Le frère de Michel habite ici au rez-de-chaussée, il nous a proposé de venir. Il prétend qu'il y a plus de chance dans cette région pour trouver du travail pour son frère. On s'est pris le bec. Et il nous a mis à la porte. Je lui proposai de rester un peu avec son mari et son bébé. Le temps de se retourner. C'était un peu mon communisme à moi.
C'était assez sympa, bien que Michel ne se foule pas les pieds pour chercher du boulot. L'appartement était propre, les repas servis et il y avait une atmosphère de famille. Même le bébé était sympa. Il dormait la nuit au lieu de pleurer. Il souriait tout le temps surtout quand il voyait le sein de sa mère !
C'était beau, et j'aimais voir ça. Un bébé avec sa mère, l'intense bonheur sur le visage…

Deux semaines environ se sont écoulées, Suzanne m'avait demandé si je ne voyais pas d'inconvénient à recevoir un couple d'amis qu'ils avaient retrouvé. Je lui avais dit que cela était une excellente idée. Un peu de monde autour de la table, ce serait sympa.
Doris et son copain sont venus vers sept heures et demie le soir. Suzanne leur avait ouvert la porte. Visiblement, ils n'étaient pas deux mais trois à entrer dans l'appart.
Et là, le miracle se produisit, je n'écoutais plus. Les autres, les voix, s'estompèrent dans le vide.
Elle était là, devant moi. J'étais le plus chanceux des hommes. En deux secondes, j'étais tombé amoureux comme un dingue. Le coup de foudre magistral. J'avais devant moi des fleurs, des bonbons, la lumière céleste et moi... j'étais là devant elle !
Elle me regardait, me souriait, me comblait, je n'avais même pas remarqué qu'elle me parlât aussi.
Suzanne me poussait dans le dos :
- Alors que fais-tu ? Tu rêves ?
J'atterris. Je faisais timidement un vague bonsoir, et je m'écartais pour faire entrer les invités.

L'amour de ma vie est la sœur de Doris. Elle s'était invitée au dernier moment à venir avec eux. Quel bonheur, le hasard de la vie !
Nous nous installâmes autour de la table. Mary-Tine se plaçait naturellement en face de moi, à l'autre tête de la table.
A partir de ce moment, plus rien n'était comme avant. Ce n'était plus Suzanne et Michel qui invitaient, mais nous, elle et moi, moi et elle…
Immédiatement, elle avait tout pris en main, elle agissait comme si elle était chez elle. Moi, je regardais le miracle.
Quand il y avait dispute amicale sur un sujet de conversation pour refaire le monde, ce qui était à la mode, elle et moi étions sur la même longueur d'ondes. D'ailleurs, elle et moi, nous nous parlâmes peu. Nos regards suffisaient.
Visiblement, nous étions en dehors du contexte et au bout d'une heure, j'ai prétexté le manque de clopes, et l'intention de sortir pour en trouver. Personne ne fumait ma marque préférée.
Et encore le miracle, ce que je n'osais pas demander, elle allait me l'offrir sur un plateau, elle se levait aussi et avec un :
- à tout à l'heure, me suivait sans autre commentaire ou mot. C'était naturel et pas autrement.
A ce moment, je le savais. Je ne la quitterai plus jamais. Dans la voiture, nous avons parlé. Comme ça, de choses et d'autres. Elle sourit quand je sortis mon paquet de cigarettes de la poche.
- Je savais que c'était un prétexte, me dit-elle.
- Tu n'avais pas besoin de sortir pour chercher des cigarettes.
J'avouais mon petit mensonge.
- J'avais envie d'être avec toi sans les autres autour, je voudrais que tu ne partes pas ce soir, je voudrais que tu restes.
Tu n'as pas besoin de coucher avec moi. C'est juste pour dormir…
Mary-Tine me regardait l'œil malicieux.
- On verra.

Le lendemain, nous étions malades, malades à la pensée de nous quitter.
Mon ami François que j'avais appelé au secours était un grand sentimental. Il adorait les romans d'amour et d'eau fraîche. Il était aussi mon médecin généraliste.
Il arrêta Mary-Tine pour dix jours, question préventive. Cinq jours après Mary-Tine était réellement tombée malade. Mon toubib lui

ajouta encore quelques jours, histoire de se bien faire soigner.
Très vite, il n'y avait plus de place pour d'autres personnes dans notre environnement. La présence de Suzanne & Co, pourtant très aimable et gentille, nous pesait de jour en jour.
Il n'était pas question de les mettre à la porte comme le frère. Mary-Tine me proposa de venir habiter avec elle. Elle occupait un logement de fonction dans les environs de Noyon à quelques trente km de chez moi. Au bout de deux semaines, j'avais pris mes affaires et en en laissant d'autres à Suzanne et Michel. Le représentant du proprio, camarade-du-parti, accepta de transférer le contrat de location à Suzanne.
Notre vie commune était et l'est encore aujourd'hui une chanson d'amour sans fin. Le désir de l'autre se gravait sans paroles, il y avait une sorte d'osmose entre nous, indéfectible, grandiose. Je l'aimais, je l'aime et je l'aimerai jusqu'au bout des temps.

La photo interdite

Mary-Tine travaillait comme animatrice dans un centre socioculturel. Elle était en même temps une sorte de gardienne parce qu'elle habitait sur place. Il fallait traverser les locaux pour atteindre les escaliers pour aller au premier, où il y avait son appartement, puis l'atelier photo.
Mary-Tine gérait entre autres un club d'ados. C'était sympa. Souvent, ils venaient en petit comité ou seuls pour papoter des choses de leur vie. Mary-Tine les écoutait sans pour autant donner un avis perso. D'ailleurs, ils n'en demandaient pas. Le fait de les écouter suffisait largement.
C'était au printemps. Elle avait organisé un stage poterie pendant deux jours avec hébergement commun dans une salle des fêtes.
Mary-Tine m'avait demandé de les accompagner, d'autant plus que je pratiquais déjà mon bénévolat comme animateur du club photo.
Le maître de stage en poterie était une religieuse en retraite. Elle avait des doigts de fée, le visage d'une mémé qu'on aimerait avoir et en plus un talent inouï.
Sa gentillesse n'avait pas d'égal et tout le monde l'aimait.

Nous étions près de vingt élèves dans son cours de poterie. C'était fort agréable de manipuler la glaise, tourner des boudins, sculpter des figurines et autres ustensiles.

Le soir, nous restions sur place. Les jeunes avaient installé leur quartier en méthode de camping. Il y avait deux pièces assez vastes derrière la scène, l'une pour les filles et l'autre pour les garçons. Dans la pièce des filles, il y avait un peu de bousculade parce que plus nombreuses que les garçons.

Le soir Mary-Tine et moi, nous avions organisé un barbecue avec des saucisses et des pilons de poulet.

Les jeunes s'occupaient avec un jeu de gages. Mary-Tine et moi préférant ne pas participer, mais rester sur place en tant que spectateurs et responsables.En plus, j'avais mon appareil photo pour que les images tirées servent de souvenir.

Un des gages était de monter sur scène, puis de changer de vêtements en moins d'une minute. Changer voulait dire le pantalon ou jupe et le haut. Bien sûr pas de sous-vêtements Jusqu'au moment ou Domi et Marcel étaient sur scène pour exécuter leur gage. Tout était bien, Doris ne voulait pas ôter sa jupe pour des raisons personnelles, que tout le monde comprenait. L'échange était raccourci à trente secondes et limité au-dessus de la ceinture.Marcel avait rapidement enlevé son T-shirt pour l'échanger contre celui de Domi.

Domi s'était mise dos au public, pour que nous ne puissions pas voir sa poitrine. Elle n'avait pas de soutien-gorge ou autre sous-vêtement.

Comme j'avais pris des photos de chaque scène, j'avais également pris des photos de Marcel et de Domi. C'est-à-dire de Domi de dos et torse nu.

Quelques jours plus tard, j'avais développé la pellicule pour tirer des photos. Il y avait une dizaine de pellicules pendues au séchage.

Le directeur, qu'on disait jaloux de notre popularité montante, pas seulement auprès des bénéficiaires du centre culturel, mais aussi auprès des infirmières, assistante sociale et autre personnel, commençait à fouiller de quoi se mettre sous la dent. En plus, la direction départementale lui avait signifié que le budget pour l'année à venir serait amputé sérieusement et qu'il fallait tailler dans le vif.

C'était quand même rare qu'il vienne visiter la chambre noire. Sauf cette fois-ci. Il regardait avec insistance les pellicules au séchage et … tomba sur l'image de Domi de dos à côté de Marcel, tous deux

dos nus.
Une heure après, nous étions convoqués dans son bureau. Ma vacation bénévole du club photo a été immédiatement annulée et il signifiait à Mary-Tine que l'affaire serait transmise à Madame la directrice départementale.
Cette dame avait la réputation d'une vieille fille frustrée sans état d'âme. Deux jours après, Mary-Tine était relevée de ses fonctions, avec quelques mois de salaire et la demande ferme de bien vouloir quitter le logement de fonction.
Ils avaient inventé une nouvelle moralité. Le monde avait changé, seuls ceux et celles qui avaient les cervelles rouillées ne pouvaient pas s'en apercevoir.
De toute façon, nous n'avions rien fait de contraire aux bonnes mœurs. Domi et Marcel avaient plus de dix-huit ans. Ils n'étaient aucunement en position d'exhibition douteuse.
Nous avons longuement discuté de savoir si Mary-Tine devait contester la décision auprès des prud'hommes.
L'ambiance au centre était de toute façon cassée, en plus il y avait la réduction du budget d'en l'air.
Nous décidâmes d'arrêter là et de partir à l'aventure.
J'avais téléphoné à mon employeur et comme j'étais en trop, ou pas bien rangé parmi les marionnettes du parti, la direction m'accordait un licenciement pour des raisons obscures et économiques.
Nous voilà libres. En chômage et avec un pactole des deux côtés de quelques milliers de francs.
Nous achetâmes une caravane pour rentabiliser l'attache remorque de ma Mercédès. La caravane était initialement prévue pour six personnes. Nous l'avions installée pour deux.
C'était notre nouveau logement. Le reste de nos meubles a été stocké dans un garde-meuble.
Voilà, c'était presque l'été. L'aventure pouvait commencer.

Le Matou de Tonton Bram

Notre première destination était la Hollande. Nous avions prévu quelques semaines dans mon pays natal et le tour en famille pour

présenter la femme de mon cœur.
La première étape était ma mère. Tout de suite, elle insista pour nous accompagner voir les oncles et tantes, quitte à dormir dans la caravane.
Au bout de trois jours, son compagnon l'appela au secours, il était incapable de cuire un œuf sans aide. Ma mère, bonne poire, pris le train et alla cuire son œuf.
Nous étions à Utrecht chez l'une des sœurs de mon père. Elle était mariée avec un homme exceptionnel. C'était mon oncle préféré. Je l'adorais. Il travaillait comme ouvrier dans une entreprise d'usinage de métaux. Avant la rencontre avec ma tante, il gagnait sa vie dans un cirque comme ouvrier bâtisseur des chapiteaux. Il était aussi l'aide des dompteurs et avait le droit de nettoyer les écuries.
Ils n'avaient pas d'enfants ensemble.
L'oncle avait un deuxième amour dans sa vie : son chat. Un énorme matou avec des longs poils comme de la soie.
Le problème était que nous avions nos chiens. Surtout le grand berger belge de Mary-Tine. Il n'aimait pas les chats. Le matou était enfermé dans la chambre à coucher pour que notre chien puisse circuler normalement.
Sauf, que ma tante avait ouvert la porte de la chambre, en oubliant que le chat était à l'intérieur. Venu dans le salon, le chat avait vu le chien. Immédiatement le chien sauta avec un bond magistral en direction du matou.
L'appartement se situait au cinquième étage. C'était l'été et la fenêtre était ouverte. Le chat était en panique. Il atterrit en bas dans un bosquet, qui heureusement avait amorti le choc.
Mon oncle était devenu blanc comme neige. Il essayait de happer de l'air. Catastrophé, il regardait par la fenêtre pour voir l'état de son chat. Il ne voyait rien. Il se transforma en éclair pour descendre les escaliers, Le matou était caché sous les branches de la végétation, apeuré. Mon oncle l'attrapait non sans se blesser par les griffes de son chat.
En remontant, il gueulait comme un veau à l'abattoir. Il avait la voix forte en volume, malgré ses soixante douze ans. Avec son gabarit d'homme musclé de presque deux mètres, on ne plaisantait pas quand il gueulait. Même le matou ne miaulait plus.
C'était un mardi. Le fait qu'il fut fâché contre tout le monde n'arrangeait pas son humeur. Pourtant, le mardi c'était un jour

spécial. Pour des raisons jamais dévoilées en détail, ma tante et mon oncle refusaient catégoriquement de recevoir ou de sortir le mardi soir. Ma tante m'a fait comprendre, que les mardis c'était, disons, leur soirée. Ils occupaient pratiquement tout l'appartement. Elle me souriait, un peu timide, avec les joues colorées de rouge.
On avait compris, c'était le moment de prendre congé. Ce soir là, nous dormions dans notre caravane garée sur un camping.

Le lendemain, nous décidions de retourner vers la France,
en passant bien sûr chez ma mère, pour un petit coucou. Une fois arrivés en France, la question était : On va où ? La réponse était vite trouvée. Mary-Tine avait pris la carte de France et en fermant les yeux, pointait au hasard un endroit sur la carte. C'était une bonne idée. Il faut laisser agir le destin librement.
C'était près de Chaudes-Aigues dans le Cantal en Auvergne. Nous nous regardions en riant, que cela ne tienne !

Sanivalo

Il a fallu quelques jours pour y arriver. Parfois, nous avions été tentés de nous arrêter définitivement, mais bien décidés de suivre le hasard du doigt sur la carte, nous arrivâmes à Hauts-de-chausses.
Ce n'était pas sans difficultés. Nous avions emprunté une route secondaire, un peu perdus, pour nous trouver un emplacement afin d'installer notre caravane pour quelques jours. Nous évitions en principe les campings pour privilégier des endroits bucoliques, genre petit cours d'eau claire. Nous n'avions pas besoin d'électricité et encore moins besoin de monde autour de nous. Le cours d'eau servait de baignoire et de vivier aux poissons, bien que nous n'ayons pas de canne à pêche.
La voiture, pourtant pourvue d'un moteur diesel digne de ce nom, peinait à tracter la caravane, chargée en sur-poids, sur les chemins et routes en pente. C'était en première vitesse et à une allure au pas que nous avancions. Il n'était pas question de s'arrêter ni de faire demi-tour. Dans ce cas, il fallait détacher la caravane, la bloquer sérieusement, changer la direction de la voiture, puis raccrocher la

caravane après l'avoir tournée à la main. Nous l'avions fait une seule fois. Notre caravane faillit partir toute seule. Nous l'avions bien trop chargée notre habitation sur roues, avec des effets personnels, des livres et autres objets auxquels nous tenions.

Jusqu'au moment où en face de nous, descendait un camion gros et large. Le camion était chargé à bloc de bois de chauffage. Une chose était sûre, il n'y avait pas de place pour deux. Et nous ne pouvions pas nous arrêter.

Je klaxonnais à tout rompre. Mary-Tine avait sorti la tête et les mains du toit ouvert. Elle gesticulait pour conjurer le sort.

Le chauffeur du camion nous avait sûrement pris pour des dingues. Il arrêta immédiatement son camion et enclencha la marche arrière. Ce n'était pas facile pour lui. Nous étions à peine trois mètres de lui. Heureusement que son camion n'était pas une semi-remorque mais un camion en un seul morceau.

Le pauvre était obligé de reculer sur plus de trois cent mètres pour pouvoir se garer sur une sorte de parking en bousculant au passage plusieurs poubelles publiques …

Enfin, nous pouvions passer. Le camionneur avait pointé l'index vers son front pour nous signifier que nous n'étions pas sains d'esprit. Il termina par un bras d'honneur grandiose.

C'est comme ça que nous arrivâmes à un endroit tel que nous le recherchions. Une fois installés, nous partîmes nous promener dans les environs avec nos deux chiens Nana et Sullivan, le chien de Mary-Tine, qu'elle avait baptisé Sullivan en mémoire de Boris Vian.

C'est là que nous avons rencontré Raymond.

Raymond était un jeune paysan, un peu rêveur. Sa ferme se trouvait dans un petit village près de Chaudes-Aigues.

- Bonjour, il nous faisait signe de la main. - Faut pas rester
ici, c'est trop dangereux ce terrain est inondable. Ils sont en train de travailler sur la retenue d'eau.

- Pour vous ce n'est pas dangereux ?

- Ce soir et cette nuit, il n'y a pas de danger. Ils commencent demain vers dix heures. Donc il faut partir avant.

Il nous proposa, si nous voulions le suivre, de nous installer sur un bout de pré à lui près d'un cours d'eau. Nous pouvions rester le temps que nous voulions.

Il n'y avait pas de refus. L'offre était trop belle pour laisser tomber.

C'est comme ça que nous avons connu le village Sanivalo.

La caravane était installée à quelques centaines de mètres de la route dans un creux avec des morceaux de rochers. Dès le lendemain, nous avions stabilisé notre caravane avec des bouts de bois de façon à ce que le vent ne puisse pas la déstabiliser.

Raymond avait trouvé une boîte à lettres qu'il avait clouée sur un poteau à l'entrée du pré.

- Maintenant, vous êtes chez vous, avait-il dit avec un sourire.

Il avait juste demandé de ne pas rouler ailleurs avec notre voiture dans le pré que la première tracée au moment où nous arrivâmes. L'herbe était prévue pour faire du foin.

Plus tard, il nous invita chez ses parents et son frère. Ses parents dormaient encore dans des sortes d'alcôves ou placards autour de la pièce principale, seule pièce qui était chauffée.

La mère de Raymond, une femme sans âge, d'une gentillesse extrême, nous avait concocté un repas mémorable.

Tout était de la maison, le jambon, le canard, les légumes, le dessert aux fruits de saison, même le vin venait de leur propre vigne. Un peu aigre, mais très buvable.

Le pain fait maison passait d'abord par sa généreuse poitrine sur quoi elle tranchait des tartines de son pain après la croix de la bénédiction avec le couteau.

Il y avait aussi Henry, leur commis depuis plus de 65 ans.

Célibataire, il n'avait jamais quitté la maison. Il dormait depuis le début de sa carrière dans une pièce à côté de l'étable. Depuis le temps, il faisait intégralement partie des meubles comme on dit. C'était devenu de la famille.

Quelques semaines plus tard, nous étions rejoints par deux jeunes filles, anciens membres du club ado, avec lesquelles nous avions gardé le contact, d'autant plus que leurs parents avaient exprimé leur solidarité avec nous, et surtout à Mary-Tine.

Anne et Ingrid dormirent d'abord avec nous dans la caravane. Mais au bout de deux jours, Raymond leur proposa de venir chez lui. Il y avait de la place dans sa maison.

Je ne sais si lui ou son frère avaient dragué les filles. Je ne leur avais pas demandé.

C'est ainsi que les semaines s'écoulaient paisiblement. Une autre fois, nous avions rencontré des campeurs hollandais. Nous les avions invités à installer leur tente à côté de notre caravane.

Ils ne sont pas restés assez longtemps pour que cela nous laisse un souvenir inébranlable.

Dans le journal de la région, une petite annonce attira notre attention. Nous commencions en effet à voir s'il y avait quelque chose à acheter ou à louer. Nous pensions à une ruine ou un bout de terrain pour planter notre caravane. À Sanivalo, Raymond nous avait promis une épaisseur de deux mètres de neige. Encore 50 cm de plus, et c'était la hauteur de notre demeure.

L'annonce précisait qu'il était à vendre une bâtisse avec petit jardinet devant. La bâtisse en mauvais état et à restaurer.

Comme plus, un escalier large en pierre de Volvic et une cheminée ouverte de trois mètres de large dans une salle voûtée de sept sur quatorze mètres. Il manquait la poutre de la cheminée.

Le prix demandé était tellement ridicule pour notre esprit, que nous avions pris la voiture le jour même pour aller voir.

La bâtisse se trouvait dans un village près d'Issoire dans le Puy de Dôme. Une fois visitée, le propriétaire et nous, tombions rapidement d'accord. Nous pouvions prendre possession du bien en attendant le notaire. Il n'était même pas pressé pour les sous.

Un protocole d'accord a été signé dans la foulée. Tout était préparé d'avance. Seuls nos noms et nos signatures manquaient.

Quelques jours plus tard, nous quittâmes Sanivalo. Mon amoureuse et moi avions invité toute la famille de Raymond pour un barbecue autour d'un feu de joie.

Mary-Tine leur a fait une démonstration de cracheur de feu, ce qui impressionnait tout le monde, y compris moi-même.

Je savais qu'avant d'être animatrice, elle était dans le monde du spectacle et du cirque. Mais je ne l'avais jamais vue à l'œuvre.

La Sainte Chèvre, les copains ...

Mary-Tine émit l'idée de se lancer dans un élevage de chèvres avec le but de confectionner du fromage. Ni elle ni moi n'avions cette expérience. En ce qui me concerne, je ne savais même pas qu'une chèvre n'avait que deux tuyaux pour traire le lait.

La bâtisse n'était pas encore habitable. Aussi, nous installâmes la caravane devant la maison. La première chose à entreprendre, était de rendre habitable la cuisine voûtée à quatre pieds dont la surface était deux fois plus grande que la caravane, mise en vente pour pouvoir investir dans la maison et l'achat de nos premières chèvres.

Quelques semaines et travaux dans la pièce de cuisine plus tard, nous avons acheté notre premier caprin. Je ne dis pas chèvre parce que c'était un bouc. Un jeune bouc de quatre mois. Il nous plaisait. Il était beau et nous l'avons baptisé Ali Baba.

Pour avoir du fromage, il faut d'abord que la chèvre ait mis bas. Et pour que la chèvre puisse mettre bas un jour, il faut bien que le bouc fasse sa petite affaire. C'est toujours la même histoire dans la vie : une femelle + un mâle = un petit.

Après une semaine, nous achetâmes deux chèvres avec en cadeau, une vieille, à qui il ne restait qu'un seul pie. Cela nous faisait un troupeau de quatre bêtes !

Il fallait voir la tête de nos voisins en nous voyant sortir avec notre « troupeau », en promenade dans les chemins communaux !

Les deux chèvres avaient encore du lait, cela nous a permis d'apprendre à traire. C'était plus facile que nous ne l'avions pensé.

Tous les jours, nous récoltions trois litres que nous transformions en cinq fromages comme les crottins. Mary-Tine avait acheté un livre pour savoir comment fabriquer les fromages.

1981 - En parcours avec les chèvres

Très vite, nous appliquions notre propre recette, ce qui avait un résultat surprenant. La qualité était excellente.

Un jour nous avions décidé de boire notre café dans notre chèvrerie qui était contiguë à notre maison. Histoire de rêver un peu. Soudainement, une sirène de pompiers déchirait l'atmosphère.

- Tiens, disais-je à Mary-Tine, c'est bien la deuxième fois que cela arrive aujourd'hui.

Elle se levait pour voir dehors.

- Vite, viens voir, criait-elle, c'est chez nous !

Notre caravane était en flammes. Les pompiers du village avaient vite sorti la bouteille de gaz et utilisé l'extincteur qui était accroché à l'entrée. Le feu était assez rapidement éteint.

Heureusement que Mary-Tine a eu l'idée d'acheter cet extincteur dans une station service. Sinon l'assurance n'aurait pas donné les mêmes suites à cette histoire.

Tous nos vêtements ont été brûlés, la caravane irrécupérable.

C'était probablement la soupe qui avait débordé sur le gaz, la boîte d'allumettes a pris feu et hop, le reste de la caravane essentiellement construite en plaquage et en plastique à l'intérieur avait pris feu aussi.

Nous voilà dans de beaux draps. La cuisine, quasiment finie, s'était transformée en dépotoir à déchets de la caravane.

Nous n'osions pas y toucher avant que les experts de l'assurance ne nous donnent le feu vert.

Cette nuit-là, nous avons dormi chez l'un des habitants du village.

Le lendemain, notre assureur accepta par téléphone que nous débarrassions la cuisine pour entasser les effets dans une autre pièce.

Avec deux palettes, un matelas, nous avons fabriqués un lit pour dormir. Il ne nous restait que les vêtements qui nous habillaient au moment du feu et quelques fringues mises à laver chez une jeune femme avec qui nous avions lié amitié.

Rapidement, notre assureur nous avait fait parvenir un premier chèque pour nous habiller. La caravane, du moins ce qui en restait fut mise en vente auprès des casseurs. Au bout de trois semaines, la carcasse était toujours devant notre porte.

C'était déprimant. Je décidais de faire une offre moi-même, ce qu'il accepta. Nous étions ainsi remboursés, moins le montant de mon offre.

Nous avions engagé un maçon pour les travaux que nous ne pouvions pas faire nous-mêmes. En voyant la carcasse de la caravane, il se dit très intéressé.

Nous sommes tombés d'accord pour un troc. Il nous coulait un sol en béton et dans la grande salle, pour stabiliser la voûte avec une machine à pression, il crachait une substance comme du ciment blanc. Ainsi le haut et le bas en mauvais état étaient refaits.

Notre maçon pouvait prendre possession de la caravane qu'il avait transformée en remorque plate pour transporter ses motos pour faire du cross country.

Ayant touché des sous des assurances, nous avons acheté un troupeau

de vingt chèvres, nous avions désormais vingt quatre bêtes.
Avec l'extension du troupeau, il fallait aussi trouver du foin et de la paille. Ce n'était pas encore le printemps, et la promenade en parcours ne donnait pas grand-chose à brouter.
Heureusement la famille où nous avions dormi nous avait proposé du foin à un prix correct. Nous voilà avec un troupeau, un bouc, du foin et la traite deux fois par jour. Nous étions désormais à presque dix litres par jour ou presque vingt fromages. C'était le moment de s'installer sur le marché le samedi matin à Issoire. Le premier samedi, qu'il fût moche ! Nous étions toute une ligne de gens à vendre du miel, du fromage, des pommes, un peu de légumes d'hiver etc. Tout le monde vendait un peu, mais pas suffisamment.
J'avais remarqué aussi qu'un grand nombre d'exposants restait l'après-midi. Entre autre, un gros marchand de légumes. Entre midi, il laissait son stand sans surveillance pour aller manger.
Je lui proposai de tenir sa boutique, et en contrepartie, de partager son emplacement. J'avais besoin d'un mètre linéaire environ sur les trente mètres qu'il occupait. Il était d'accord. C'est ainsi que je profitais de la clientèle de mon légumier pour écouler mes fromages.
Très rapidement, nous commençâmes à avoir un renom pour notre qualité et le goût exquis de nos fromages. Nous étions les seuls à présenter nos produits dans une vitrine à l'abri des insectes et de la poussière. En dessous de la paille de présentation, nous avions glissé des blocs congelés pour garder les fromages au frais.
Des mois et des saisons s'écoulèrent en parfaite harmonie. Mary-Tine et moi aimions notre job et les gens nous le rendaient bien. Nous avions créé une clientèle fidèle à nos fromages.
Notre maison, la vieille bâtisse, a été transformée en habitation, la grande salle en sorte de loft, nous y dormions, et le coin salon devant la cheminée était chouette. Nous avions beaucoup de nouveaux copains. Parfois même, nous avions l'impression d'être le parfait endroit pour qu'on puisse piquer tranquille dans l'assiette. Pain frais de la maison, fromage, saucisson maison avec un bon canon de rouge du coin, tout cela ne se refuse pas.
Il y avait aussi des vrais copains. Ceux qui viennent et ne demandent rien. Ils partageaient autre chose que l'assiette.
Un des « copains » était potier. Il s'appelait Philémon. Je n'ai jamais vu une de ces réalisations. Dans le bottin téléphonique il était signalé comme potier. Artiste-potier comme il disait lui-même. Sa compagne

avait une profession bien payée, je crois que cela est assurant pour un artiste sans grande production mais en méditation permanente.
Philémon produisait dans son jardin. Il avait du persil, de la ciboulette, quelques fraises, salades et autres légumes, puis un peu plus loin, derrière un mur il avait semé son secret.

C'était sympa chez lui. Il y avait le parfum de son secret odorante, la bonne musique style Léo ferré. Nous écoutions des textes en profondeur. Puis nous partions à la maison pour retrouver nos chiens, chats et chèvres. Philémon est une personnage qu'on ne peut effacer de son mémoire.
J'ai rencontré Francine au début des années quatre-vingt devant un supermarché en Auvergne. Je ne me rappelle plus exactement comment, mais on s'est causé. Comme ça, de choses et d'autres. Je l'ai invitée à boire un café à la cafétéria.
Francine m'invita à venir chez elle avec Mary-Tine.
François, son ami était étudiant en architecture. Elle en lettres. Ils habitaient dans un coquet appartement au centre ville de Clermont.
Francine, à peine vingt et un ans, était un peu baba cool. Elle aimait les jupes mauves et longues. Puis le peace and love était toujours à la mode pour elle. C'était impossible que Francine puisse faire de mal à quelqu'un.
Son homme n'était pas tout à fait du même bord. Matérialiste, il songeait d'abord à son bien-être et à sa carrière, avant de se préoccuper du reste. Il regretta d'ailleurs l'élection de François Mitterrand en 1981.
François était brillant dans ses études. Francine l'était de ses mains. Elle avait fait plusieurs essais de fabrication de maquettes, des projets de construction pour des architectes.
Comme son travail était apprécié, elle abandonna ses études pour se consacrer totalement à son atelier de maquettiste.
Son copain la quitta pour une raison que je ne connais pas. Il était très probablement jaloux de sa réussite. Francine était désormais seule. Ils n'avaient pas d'enfants. Francine était assez discrète sur sa vie intime.
Pour moi, ils s'étaient engagés trop tôt dans une vie de couple. Elle n'avait qu'à peine dix-neuf ans. Lui en avait vingt.
Quelques années plus tard, son atelier avait pris de l'allure et surtout jouissait d'un renom de prestige. Rien n'était impossible pour elle.

Entre temps, elle rencontra Maurits. Francine était au top de sa gloire. Maurits était aussi architecte. Il se mariait avec Francine et ils eurent deux enfants.
Il y avait aussi Steph. Il est venu en pleine période de chèvres. Il venait acheter des fromages. Steph est un type bien, il raconte, partage et il rit.
Il était venu dans notre village pour sa passion et il en avait fait son métier. Steph est brocanteur.
En Auvergne, il y avait de quoi être heureux quand on est brocanteur. Les gens étaient très conservateurs, on ne jetait pas grand chose. Il y en avait tellement, que les héritiers commençaient à vendre par faute de place et pour les obligations de partage. Les héritiers vivent de moins en moins dans les petits villages. Dans les appartements en ville, il y a peu de place pour emmagasiner les vieilleries. Alors, il reste le brocanteur.
Steph aimait l'Auvergne, ça le changeait avec Paris et sa région. Il avait même acheté une petite maison mitoyenne dans le village. La maison était plutôt une ruine, mais avec un esprit de camping, il pouvait y dormir. En plus, le fait d'avoir ce pied-à-terre, lui donnait la possibilité de dialoguer avec ses voisins. C'est-à-dire la moitié du village.
Mary-Tine et moi avons de suite sympathisé avec Steph. J'avais le droit de me promener avec lui sur la décharge publique du village. Avec son bâton en bois, muni d'un gros clou au bout, il fouillait là où les gens jetaient des vieilleries. Des flacons, des objets, des plaques émaillés, des stylos et aussi des casseroles et autres ustensiles de la vie de tous les jours.
Un jour, il avait trouvé deux superbes casseroles en fonte-aluminium très épaisses. Après nettoyage à la paille de fer, elles brillaient à nouveau comme neuves. Aujourd'hui, vingt-cinq années plus tard, nous les utilisons encore pratiquement tous les jours.
Il me montra à la décharge un stylo-plume apparemment hors service. Il le nettoya, remis l'encre, puis le stylo était apte à écrire. Le plus était, que ce stylo avait de l'âge. Il le vendait pour deux cents francs sur la foire de brocante de Brioude à un collectionneur. Steph avait gagné sa journée. Le collectionneur le revendait dix minutes plus tard et sous mes yeux à un autre passionné pour cinquante francs de plus.
J'avais accompagné Steph par curiosité. Il m'expliqua que la revente

était monnaie courante. Un objet présenté sur une foire ou un marché de brocante, peut être revendu plusieurs fois et ainsi tripler ou plus sa valeur initiale. Ce sont généralement des professionnels ou des amateurs avertis qui se livrent à ce genre de commerce. Chacun accorde sa valeur à l'objet en rapport de la possibilité de revente et de la demande pour certains objets.

Il venait avec sa camionnette tous les deux mois environ, parfois accompagné de sa copine. Pas toujours la même, mais cela faisait partie de ses surprises. Steph tenait à sa liberté de bouger comme il voulait. Il aimait aussi se faire dorloter. Au fond, il n'était pas homme à vivre seul.

Annie avait mis sa griffe sur lui. Elle avait essayé de l'attacher. Visiblement, elle l'aimait.

La brocante de Steph avait pris de l'envergure, à tel point que désormais il vendait des conteneurs entiers à l'exportation. Il possédait un hangar dans le Sentier des brocanteurs à Paris et il devenait un personnage incontournable dans sa profession.

Trois ans et demi après notre première rencontre, en avril 1982, le maire de notre village nous offrait notre carnet de famille. Pour nous, c'était une formalité obligatoire pour le dossier d'adoption.

Avoir des enfants par la méthode traditionnelle était impossible. Les tentatives in-vitro ont été toutes vouées à l'échec.

Oui ? …. Oui !!

La famille s'était déplacée au complet. Les deux sœurs de Mary-Tine étaient là, mes beaux parents, ainsi que ma mère.

Son compagnon Wim n'avait pas pu venir. Il y avait quand même mille km environ à parcourir entre ma mère et nous et il ne pouvait pas laisser sa boutique de chaussures sans sa surveillance.

Je me rappelle la tronche de mon beau-père quand le maire prononça les phrases officielles avec les mentions « Divorcé de… » Le divorce, pour lui, n'existait pas dans son vocabulaire. Il n'a pas eu de chance parce qu'après quelques années, ses deux autres filles sont toutes deux divorcées, et vivent avec un homme lui-même divorcé.

Ainsi va la vie ! De toute façon, il ne m'aimait pas beaucoup déjà. Je

n'ai jamais compris pourquoi.
Pour satisfaire aux usages, nous avions organisé le repas de mariage dans un restaurant du coin, Une table pour une vingtaine de personnes était réservée. Il y avait beaucoup de monde dans l'établissement et même sans nous, le complet était assuré. Le restaurateur nous avait coincés sous un escalier. Aussi, pour la moitié des convives, il fallait que tout le rang se lève pour faire passer quelqu'un qui avait besoin de se soulager un peu. Nous, Mary-Tine et moi, étions au bout de la table à rallonges et avions le droit de pouvoir déguster le repas, au demeurant assez quelconque, sur un espace de quelques dizaines de centimètres. Bon, si on est amoureux, on peut rester un moment collé l'un contre l'autre. C'est juste un peu difficile pour mettre la fourchette à la bouche.
Nous ne fêtons jamais ce jour là. C'est le jour de notre rencontre que nous commémorons : Le 19 novembre.

L'accident

C'est en voulant chercher Colette, une copine plus ou moins dans la galère, pour nous donner un coup de main et rester quelques jours avec nous que j'ai eu mon accident.
La route était glissante, le camion en face gros et costaud, mon virage peut-être un peu trop grand, puis le choc !
Heureusement, nos vitesses étaient réduites. Le camion et moi ne dépassions pas quinze km à l'heure.
Ma camionnette était définitivement hors service, j'avais éliminé l'assurance tout risque pour faire de stupides économies.
Je ne pouvais plus bouger ma jambe gauche sans hurler de douleur. Les pompiers ont été rapidement sur place, le médecin aussi. Immédiatement, on me transporta à l'hôpital.
Une luxation du fémur gauche a été diagnostiquée. J'étais hospitalisé pour une durée minima de quarante cinq jours avec ma jambe en l'air munie de poids. C'était comme dans les films mais moins marrant.
Mary-Tine était déjà avertie. Je ne me rappelle plus comment elle est arrivée, mais elle fut très vite à mon côté. Nous étions effondrés.
Mary-Tine me regardait :

- T'en fais pas, je vais m'en sortir. J'ai téléphoné à Colette pour lui dire ce qui est arrivé. Elle sera à la maison demain avec sa fille. Elle va habiter chez nous. Je ne serais pas seule. Occupe-toi de rester tranquille avec les poids. Ne te fais pas de soucis pour les bêtes. Je viendrai te voir aussi souvent que je pourrais.
Colette était un amour de jeune femme, toujours sur la brèche pour faire plaisir aux autres.
Elle n'avait à aucun moment demandé une contrepartie. Elle se disait une amie. Cela lui suffisait.
Parfois, je pensais qu'elle se sentait un peu responsable, parce qu'au départ, elle devait venir avec un ami avec son auto.
C'était au dernier moment qu'elle nous avait appelés pour demander de venir les chercher, elle et sa fille.

Le Centre Hospitalier se trouvait à presque cinquante km de notre village. Ma femme avait acheté une autre voiture, une camionnette 2cv anciennement de la poste. Ce genre de véhicule est vendu par les domaines au plus offrant. C'était une occasion en or. Bien que tenue d'ici et là par des morceaux de fils de fer et autres astuces, la bébête démarrait tous les jours et faisait le boulot qu'on lui demandait.
Mary-Tine, malgré sa fatigue, était à mon côté pratiquement tous les jours. Dans la journée, elle assurait la traite, nourrissait les bêtes, fabriquait et vendait les fromages sur les marchés et en livraison chez nos restaurateurs, puis vers dix heures du soir, elle venait m'embrasser pour la nuit. Elle s'asseyait à côté de moi et tombait dans un profond sommeil. C'était souvent l'infirmière de nuit qui la réveillait pour lui expliquer que c'était tard …
Cette situation ne pouvait plus durer. J'en avais parlé avec le médecin pour trouver une solution. Mon seul soin était de rester tranquille allongé sur le dos, ma jambe était retenue en hauteur avec un jeu de poids reliés à un axe qu'on m'avait planté dans le tibia. Une petite piquouse journalière dans le ventre sous cutanée pour éviter des complications du fait que j'étais allongé sur le dos en permanence.
J'ai obtenu que je sois déplacé vers un hôpital proche de notre domicile, certes pas spécialisé en orthopédie, mais suffisamment apte à me recevoir et suivre les consignes du Centre Hospitalier.
Le médecin m'avait dés-attelé de mes poids en ayant soin de ne pas bouger l'axe dans le tibia. Il m'avait prescrit des doses pour la

douleur en ambulance. J'étais accueilli par l'infirmier en chef, le médecin étant en consultation pour l'après-midi. On m'avait posé sur un lit dans une chambre à deux. Mon voisin avait subi une petite opération et ne devait rester que quelques jours. Il gémissait et ronflait à jouissance.

Il a fallu trois heures avant que l'infirmier en chef ait bien voulu s'occuper de moi. Je n'étais toujours pas attelé et j'avais mal. Mes doses d'antidouleur m'ont été confisquées et transmises à l'infirmerie du service.

Je le vois encore arriver avec son petit carton de poids et de cordes. Il étalait soigneusement les affaires sur le lit pour en étudier de près l'usage. J'ai tenté de le conseiller, puisque je connaissais les méthodes pour avoir observé mes poids pendant des jours. Il me disait de me mêler de ce qui me regarde et de laisser les actes médicaux aux professionnels concernés.

Par deux fois, il se trompa de mesure et de poids, ce qui provoquait des douleurs dans ma hanche et ma jambe.

Il me regardait et signifiait de ne pas exagérer. Je le suppliais de vérifier et j'expliquais l'attelage du Centre Hospitalier.

- Ok, me disait-il, c'est possible, et il me détacha à nouveau.

Comme c'était aussi le moment du nettoyage de la chambre, il avait demandé à l'agent de service de bien vouloir se placer au pied du lit et de tenir les poids, pour qu'il puisse passer la corde dans les poulies et de les accrocher à l'axe du tibia.

Jusqu'à là tout allait bien, sauf que la pauvre femme n'avait rien compris. Elle continuait à tenir les poids. Jusqu'au moment où un autre individu la bousculait un peu et qu'elle avait lâché les poids. La corde était d'une certaine longueur, et trop courte pour accompagner les poids jusqu'au sol. Les kilos se sont arrêtés à trente cm du sol.

Ma jambe avait subi un choc. Au niveau de l'axe dans le tibia, le sang coulait sur les draps et une douleur indescriptible hurlait dans ma hanche gauche. Je gueulais sans retenue.

Mon bourreau me nettoyait le sang, et en me tapant un peu sur l'épaule, il me disait :

- Ça va passer, ne vous en faites pas, puis il s'éloigna.

Le soir, je n'ai pas été capable de manger, toutes les trente secondes, un choc de douleur tranchait ma jambe jusqu'en haut de la hanche. Mon voisin commençait à en avoir marre et fut à sa demande déplacé

dans une autre chambre.
Me voilà seul. On avait augmenté sensiblement les doses d'antidouleurs d'usage. Mary-Tine ne pouvait pas venir ce soir-là, il y avait un problème avec une mise-bas d'une de nos chèvres. Elle était douée comme sage-femme des caprins et ovins.
Malgré les antidouleurs en quantité, la douleur s'accentua. J'ai sonné, hurlé, rien n'y faisait. Je voyais juste une main passer pour arrêter la sonnerie, que j'enclenchais immédiatement.
Plus tard, dans la matinée j'ai eu la visite d'un psy. Le médecin que j'avais vu quelques secondes était persuadé que j'avais un problème d'alcool. Dans mon sang, ils avaient trouvé des substances alarmantes dans ce sens. Je lui expliquais, :entre deux poussées de douleur, que je ne buvais pas. Que je n'ai jamais été saoul, et que cela n'était pas mon truc.
Elle avait pris note et me promettait de transmettre son rapport rapidement au médecin, dans les prochains jours. Elle n'avait pas que moi à s'occuper.
Sincèrement, je ne me voyais pas continuer dans cet état. Je devenais fou.
Jusqu'à ce que je prenne la carafe d'eau bien pleine et que je la balance de toutes mes forces nourries de mes douleurs contre la fenêtre, qui céda en mille morceaux.
C'est étonnant qu'il faille avoir des réactions de violence avant que certains responsables ne réagissent.
En un quart d'heure j'avais réuni au chevet de mon lit le sous-infirmier en chef, le médecin, le psy, et surtout le directeur de l'établissement. Ce dernier me signifia que son hôpital ne pouvait pas me garder dans ce contexte, et que même le Centre Hospitalier ne pouvait pas me reprendre. Ce qui s'avéra totalement faux par la suite. Le directeur me dit qu'en accord avec mon médecin traitant, je serais transporté à domicile, l'hôpital me prêtant un lit et l'attelage, je serais suivi par une infirmière pour les soins. Et en ce qui concerne mon attelage à la maison, nous devions nous en occuper nous-mêmes, puisque je savais mieux que son personnel.
Le lit fut transporté par une camionnette d'un déménageur, moi par ambulance. On m'avait prescrit des antidouleurs, des anxiogènes et autres pilules pour que je me tienne tranquille.
La douleur au bout d'une semaine s'était estompée avec toutes ces doses de cheval que j'avalais.

Je restais presque trois semaines chez moi avant d'être à nouveau hospitalisé au Centre Hospitalier.
Lors d'un contrôle demandé par mon médecin généraliste, enfin, il a était constaté que j'avais une luxation non réduite depuis trois semaines.
La tête du fémur était en mauvais état. Une opération était de mise pour y planter une vis et serrer tout ça. C'était parti pour encore deux mois au minimum de séjour en hôpital.
Steph s'était aussi déplacé pour me rendre visite. Il était le roi du ramassage des escargots.
Avec Mary-Tine. Ils avaient ramassé quelques deux cents escargots dans la matinée. Annie n'aimait pas trop les escargots, aussi Mary-Tine et Steph se sont engloutis les deux cents escargots bien beurrés et aillés. Moi, à l'hôpital j'avais seulement le droit de baver. Quoique, ils avaient bien raison !
C'était aussi la nuit des fromages. Mary-Tine devait livrer le lendemain matin deux cent vingt fromages sous forme de mini-crottins de vingt-cinq grammes chacun. Notre caillé de lait de chèvres s'égouttait dans les linges pour perdre le petit lait et obtenir la masse consistante qui nous permettait après salage et malaxage de former les mini-crottins à la main. A trois c'était plus rapide. Les fromages étaient « en boîte » au petit matin.

A mon retour à la maison, avec mon handicap, l'élevage de chèvres était sérieusement compromis. Il fallait prendre une décision pour savoir quoi faire.
Il était impossible que je reprenne le boulot comme avant. Mary-Aine aurait été obligée de supporter les trois-quarts de boulot dit « pénible ». En plus, notre troupeau était déjà réduit à un strict minimum. L'affaire n'était plus rentable.

Sur conseils de nos amis, j'ai porté plainte. Le médecin chef nia toute responsabilité, il déclara ne pas avoir interprété la cause de mes douleurs dans les analyses de sang, autre qu'un problème d'alcool, bien qu'une deuxième lecture eut donné une autre interprétation. En effet, certains médicaments que j'avalais avaient fortement déréglé mon foie. J'avais subi une intoxication sévère, similaire aux signes d'abus d'alcool. Le médecin n'avait jamais pendant le séjour dans son hôpital et ceci malgré ma demande, fait appel au service de

radiologie, pour faire un diagnostic véritable.
Le directeur avait déclaré que la mise à la porte, l'évacuation prématurée, était un cas de force majeure. Il ne pouvait pas faire autrement.
Il excluait sa responsabilité quant au transfert éventuel vers le Centre Hospitalier, puisqu'il se déclara incompétent n'étant pas médecin lui-même. Malgré ces faits avérés, l'affaire était classée sans suite par le procureur.

Colette nous fit part de son désir de partir et de suivre son amoureux. De toute façon, ce n'était pas sérieux de compter tout le temps sur les autres pour nous aider à vivre cetteépreuve.

L'Auberge

Notre compte bancaire s'était peint en rouge pour plus de trois mille francs et le banquier nous harcelait plus ou moins.
Nous devions régulariser. Il n'acceptait pas les chèques en pyrogravure.
C'est là que nous avons eu l'idée la plus farfelue du siècle. Et si nous ouvrions un restaurant ? Il y avait suffisamment de place dans notre bâtisse. Déjà, nous faisions parfois table d'hôtes pour nous permettre de vendre nos produits.
Un peu d'aménagements, soigner le décor, de la pub, puis avec l'aide de nos clients fromage, notre renommée de bons produits ... cela devrait marcher.
Le hic. Il fallait du fric, beaucoup de fric. Et comme tout à chacun le sait, l'argent se trouve à la banque.
Le monde s'ouvre aux gens qui ont du culot, risque choisi vaut mieux que risque subi.
Et nous voilà devant notre banquier. Je lui expliquais calmement que nous lui devions trois mille francs et que vraisemblablement, nous ne pouvions pas honorer cette dette avant bien longtemps. Sauf s'il pouvait nous aider à réaliser notre projet de restauration. Pour ça, il devrait nous aider à hauteur de deux briques.
Le pauvre cherchait son souffle et nous regardait comme des extra-

terrestres.
- Vingt mille Francs ?
- Oui monsieur, nous ne pouvons pas faire avec moins. C'est déjà tiré au strict minimum. Pour appuyer mon discours, nous avions préparé un résumé des dépenses, puis un compte prévisionnel global.
- Revenez dans une heure, je dois réfléchir.
Une heure après, nous étions de retour. Notre directeur d'agence était embêté, il avait de la sympathie pour nous, et était l'un de nos plus fidèles clients pour le fromage. Surtout celui enrobé de poivre concassé, puis affiné pendant trois semaines sur la paille de seigle.
D'un autre côté, il avait la responsabilité de son agence. Il avait aussi le pouvoir de décision jusqu'à la somme de vingt-cinq mille francs.
Il nous regardait encore et :
- Banco, je suis d'accord. Mais attention, pas de conneries ! Je veux tout savoir.
Il se leva, puis il nous fit signe de le suivre. Le reste et les modalités, nous les avons négociés dans « l'annexe » de la banque, chez Lili, le bistrot juste à coté.
Il nous accordait un découvert pour une durée de six mois et éventuellement renouvelable, cela dépendrait du résultat du restaurant.
Il nous restait une dizaine de chèvres et un bouc. Nous décidâmes de garder ce troupeau en hors-sol, c'est-à-dire plus de promenades dans les chemins communaux, ou très peu, mais parcage à l'extérieur

Heureux ?

ou à l'intérieur, avec apport de nourriture tels que foin de pré et luzerne en plus de leur portion de céréales. Nous pouvions ainsi continuer à produire des fromages pour notre propre restaurant. Se séparer des biquettes n'était pas à l'ordre du jour.
D'abord, nous avons fait place nette. Tout ce qui était privé et inutile pour la décoration du lieu était transporté au premier étage. Mon ami Lucien exploitant d'une solderie, me vendit un lot de quarante cinq chaises droites à prix très sympa, mais à peindre. L'assise était en

paille. Mary-Tine les peignait en rouge (pas la paille).Le prix d'achat des tables étant trop élevé, nous avions entrepris de les fabriquer nous-mêmes. Chaque table se composait d'un plateau, quatre planches pour la stabilité, puis quatre poteaux carrés pour faire les pieds.
On ajouta notre table de ferme avec ses six chaises « château » que nous placions au fond de la salle. C'était la table d'honneur. La différence était quand même trop importante. Plus tard, après l'ouverture, tout le monde voulait réserver la grande table. C'est pour ça que nous avons vite vendu l'ensemble.
Notre buffet de cuisine en bois d'acajou servait de bar. Mon beau-père était venu de la Picardie. Il venait tous les ans, pour laisser ma belle-mère handicapée pendant quelques semaines, ce qui lui permettait de bénéficier du bienfait de sa cure à Dax dans le sud du pays.

1987 – Christian Gabriel à la Biquetterie

Les deux sœurs ne voulaient pas s'embarrasser avec la maman, son handicap n'étant pas compatible avec l'éducation de leurs jeunes enfants ou le désir de leur compagnon.
Mary-Tine n'a jamais dit non. Moi non plus. D'ailleurs le problème avec les enfants nous était étranger
Voilà arrivé le beau-père Alain. Il était en retraite et il s'était équipé d'une machine à bois. Il était habile et fabriquait pas mal de choses. Il pouvait scier, tourner, défoncer etc. Il aimait bien travailler le bois.
Il avait chargé la machine dans sa Peugeot break, embarqué la belle-mère et nous proposa à son arrivé de nous aider à fabriquer les tables et les étagères dans la cuisine. J'acceptai, mais j'étais obligé de me mettre sous ses ordres. C'était lui le spécialiste.
La maman était assise dans un fauteuil de façon à ce qu'elle puisse

voir un peu tout le monde à défaut de programme intéressant à la télé.

Notre cuisinière à gaz étant trop petite, deux autres cuisinières d'occasion ont été achetées dans un vide-grenier du coin, ainsi qu'un réfrigérateur supplémentaire, puis des casseroles. Dans une vente aux enchères, nous avons trouvé les couverts, assiettes et plats.

Il nous restait pas mal d'argent, les dépenses étaient en- dessous des prévisions. Ce qui nous a permis de subvenir à nos propres besoins et aussi d'acheter notre premier stock de boissons et de denrées alimentaires comme pour réaliser nos exploits culinaires.

Mary-Tine a pris en charge le service en salle et moi je m'occupais de la cuisine. Il est vrai que j'aimais bien de temps en temps faire la cuisine, mais de là à affirmer que j'étais un chef, il y avait de la marge !

Bon, qu'à cela ne tienne, la carte que nous proposions aux convives était simple en ce qui concerne la technicité des plats et menus, mais compliquée par la diversité des propositions. La carte avait l'odeur de panique, mais nous n'avions pas le nez assez développé pour en humer le parfum.

Nous avions prévu le jour de l'ouverture au maximum quarante couverts. Il y en avait plus de soixante dix.

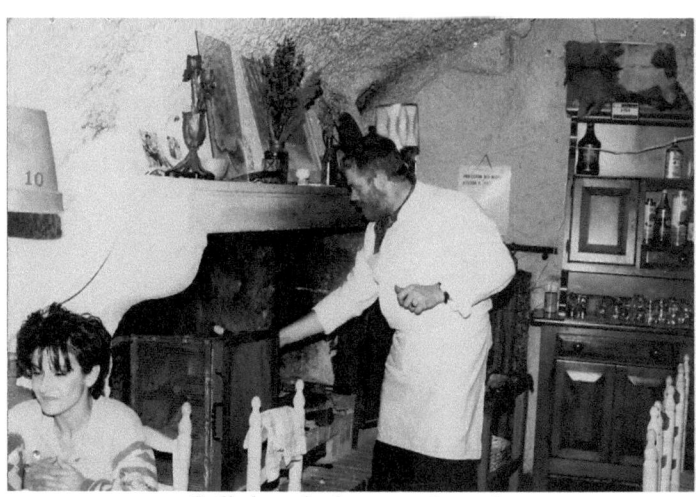

Grillades et barbecue en cheminée

Certes, il y avait des réservations, mais beaucoup plus de curieux venus pour simplement « voir ». Dans la pub du journal, nous avions promis le verre d'amitié gratuit. Selon les estimations de l'époque et la chute du niveau du tonneau de vin du pays d'Auvergne, pas moins de cent personnes avaient visité l'Auberge. Il était quasi impossible de servir chacun dans les délais. Le temps d'attente s'allongeait de minute en minute. Il n'y avait plus de vaisselle propre, parce que pas le temps de laver et de sécher.
Il n'y avait pas assez de places et de tables. Les gens se promenaient verre dans la main, le tonneau de vin était en self-service, ce qui n'était pas prévu.
On jouait aux fléchettes au risque de blesser les autres, les enfants couraient partout et faisaient l'acrobate dans l'escalier vers les toilettes au premier.
Notre voisine Ginette était également là. Quand elle a vu le désastre, elle se proposa sans dire un mot de nous aider. Elle s'était mise à la vaisselle, envoya son mari chercher sa table de cuisine avec ses six chaises pour augmenter la capacité d'accueil. La nappe en plastique dénotait mais personne ne faisait attention à ça.

Dans la cuisine, les deux cuisinières achetées au rabais, avaient cessé de fonctionner à plein régime. Il ne me restait au bout d'une heure que cinq feux, dont deux normaux et trois en feux réduits pour satisfaire nos clients. Je faisais cuire une côtelette, un steak et une omelette dans la même poêle. Les légumes se gardaient au chaud sur l'un des petits feux de
la gazinière, le réfrigérateur affichait désormais la même température à l'intérieur qu'à l'extérieur.
La soirée se termina vers trois heures du matin. C'était l'heure du comptage des recettes.

Nous avons encaissé plus de quatre mille cinq cents francs en une seule soirée ! Avec les achats déduits, le bénéfice brut était de deux mille francs.
Jamais auparavant nous n'avons gagné autant en une journée.
Il n'y avait plus un fromage de chèvre, tout était vendu.
Fatigués, on décidait de dormir un peu. Ginette promettait de revenir nous aider à mettre de l'ordre dans tout ça.
Le lendemain, il n'y avait pas de réservation. Nous avons décidé de

ne pas ouvrir, mais d'utiliser la journée pour remplacer ou réparer les cuisinières, voir avec les fournisseurs le prêt d'un refroidisseur de boisson sous forme d'armoire vitrée. Le marchand de vin était contacté pour nous mettre en place une collection de vins, payable après la vente.

J'avais eu une discussion avec une ancienne serveuse en retraite. Elle nous a mis sur différentes pistes, us et coutumes dans le métier.

Une semaine plus tard, notre restaurant risquait de se transformer en boxon. Les gens venaient pour boire uniquement, ce que nous refusions, puisque nous n'avions pas de licence pour servir l'alcool, sauf en accompagnant un repas.

D'ailleurs il y avait un bistrot dans le village, et nous n'avions pas envie de lui faire concurrence.

Notre carte était trop simple. Manger une simple côtelette, c'est comme se mettre à table chez soi. Ce n'était pas assez « top ». Il allait falloir inventer.

Deux semaines encore, et nous avons lancé notre nouvelle carte. Certes, il y restait encore des traces de l'ancienne carte, mais cela était uniquement pour une période transitoire.

C'était un succès. L'auberge commençait à gagner ses lettres de noblesse. La presse parlait de nous, le livre d'or se remplissait de louanges.

La banque fut remboursée en moins de six mois. Il fallait bien sûr un peu se serrer la ceinture.

Un mois plus tard, n'ayant plus de dettes auprès de la banque, nous achetâmes notre première voiture neuve, une camionnette avec le nom du restaurant sur la carrosserie.

Le service d'hygiène, sur dénonciation de gens jaloux, était venu pour constater que tout était parfaitement propre. Mais il fallait faire des modifications. Sur leurs conseils, nous avons transformé la cuisine de fond en comble. Une chambre froide, un piano de deux mètres de large au gaz avec deux fours et une hotte d'aspiration professionnelle, du carrelage à hauteur réglementaire, des bacs de plonge et de lavage des légumes en inox etc.

J'ai eu la chance de rencontrer Doubjoli, Docteur Doubjoli. Il était chirurgien orthopédiste dans une clinique privée. Je lui avais raconté mon histoire quand il m'avait invité à sa table lors de sa visite à l'Auberge. Je lui avais aussi dit que j'avais de plus en plus mal et en fin de service, je pouvais à peine monter les escaliers pour aller me

coucher. Chaque pas, c'était un supplice.
Même mon travail commençait à souffrir de mon état. J'étais désagréable avec Mary-Tine, j'étais devenu insupportable. Je le savais, mais le fait de savoir accentuait encore plus mon état.
Alors j'ai tout dit à Doubjoli. Et après deux radios et trois « humm's », il m'expliqua qu'il n'y avait plus rien à faire. La tête de fémur gauche était morte. Cela me choquait. J'avais dans mon corps un bout d'os mort ? Incroyable.

Il me proposa une prothèse du col de fémur. Cela se faisait de plus en plus. Il me montrait un bout d'acier lisse et m'expliqua ce qui allait m'arriver si j'étais d'accord.
Je fus allongé sur sa table de travail. L'endormeur de service se mit au travail et Doubjoli à sa mécanique de réparation.
A mon réveil, mon toubib est venu me voir et m'a montré dans un bocal le bout d'os nécrosé.
- J'envoie ça au laboratoire pour voir, me dit-il. Regarde les petites impuretés sur la boule. C'est ça qui te faisait mal, chaque fois que ta jambe bougeait.
Bon, c'est intéressant, mais ce n'était pas beau à voir.
C'est quand même dommage que l'hôpital public ne m'ait pas dit qu'il y avait une clinique qui venait d'ouvrir, dont la spécialité était l'orthopédie. Mais cela doit être comme la guerre des flics à la télé. C'est con.

Mary-Tine et moi avions embauché un cuisinier. Alfonso. Il avait le tempérament d'un méditerranéen.
Il accepta de travailler seul, cuisine et service, les soirées où nous avions un nombre limité de clients. Ce ne serait pas facile, mais il se disait capable d'assumer. Cela permit à Mary-Tine de venir me voir.
C'était un bon cuisinier, et en plus pendant ma convalescence à la maison, il m'a beaucoup appris en technique. Moi, en échange, je lui enseignais la spontanéité et la créativité.
Le sublime mariage entre les saveurs, le voyage vers l'inconnu. Mary-Tine et moi sommes assez gourmands et je cherchais d'abord à nous faire plaisir avant les autres. Puisque ce qui est bon pour Mary-Tine et moi est bon pour tout le monde !

C'était l'époque du championnat du monde de football. Platini rate son pénalty. La salle est vide et par tristesse, on se tartine des bouts de pain avec du foie gras en buvant du Saint Emillion grand cru classé. Zut, il y a des moments pour se faire plaisir. Faut bien compenser ce mauvais pied de Platini.

Nous avions fait la connaissance de Babette. Elle avait pris pension chez nous pour le repas du midi.
Babette travaillait à la poste comme receveuse-remplaçante. Elle était envoyée dans notre village pour une durée indéterminée, puisque notre receveuse, déjà proche de la retraite, avait donné des signes de grande fatigue et était mise en congés maladie.
Babette nous raconta qu'elle était en vacances à la Martinique pendant ses congés.
La Martinique, cela fait rêver ! Les tarifs de l'avion s'implosaient vers la baisse. De plus en plus de charters proposaient comme destination les Antilles Françaises. Cela me renvoyait à ma nostalgie de la vie tropicale, des gens, les fruits, les épices, les odeurs. Nous l'avons bombardée de questions.

La décision fut vite prise. Nous n'avions pas eu de vacances depuis belle lurette.
Le voyage fut organisé et pendant la période calme de la restauration, début janvier, nous nous envolions vers la Martinique pour pas moins de six semaines d'aventures.
Le restaurant était fermé, et la clef confiée à Ginette, notre voisine.

Martinique

Encore un peu fatigués par les prestations des fêtes de fin d'année à l'Auberge, nous étions enfin en route pour six semaines de vacances à la Martinique.Nous voyagions avec la compagnie Minerve. Le vol devait durer huit heures à partir de Paris. J'avais loué un petit bungalow à la Pointe Faula dans la commune de Vauclin, adresse trouvée sur minitel. La location était payée d'avance pour que sur place nous n'ayons aucun souci, sauf de louer une voiture et de manger. Le reste était laissé aux hasards du temps qui passe.

C'est l'épouse du loueur qui est venue nous chercher à l'aéroport du Lamentin-Fort de France. Il faisait chaud et moite. La température était de vingt-neuf degrés, ce qui faisait une différence de trente degrés avec notre Auvergne. Nous n'étions pas les seuls à avoir le look ridicule en sortant de l'avion habillé en mi-hiver, mi-été.

Madame Lisier conduisait sans pépins. C'est normal, parce qu'en arrivant à la Pointe Faula, j'étais persuadé que rien ne pouvait lui arriver. Elle était bénie des Dieux. Pour rouler comme une savate à cette vitesse, seuls les bénis des Dieux pouvaient se le permettre.

Mary-Tine et moi, nous osions à peine regarder dehors. En plus, il faisait déjà nuit.

En arrivant, le proprio nous reçoit chez lui dans sa maison pour nous prononcer son discours de bienvenue et nous donner quelques idées de bon touriste.

Il nous a servi notre premier petit punch à base de rhum fortement alcoolisé, une cuillère à sucre de canne local et une branchette de citron vert, ce qu'on appelle ici lime.

Le verre à peine avalé, il a servi le deuxième. Le premier brûle la gorge et enflamme la bouche, le deuxième est plus doux. Entre chaque verre, il faut boire une bonne gorgée d'eau bien fraîche pour éteindre l'incendie.

Une heure ou deux plus tard, le proprio nous dépose devant la chose qui devait nous servir de demeure pendant les prochaines semaines.

Pointe Faula, Commune du Vauclin, Martinique

Nous étions trop fatigués du voyage et du décalage horaire, mais aussi du rhum, pour regarder autour de nous. Jetés sur le lit, il ne fallait que peu de temps pour nous endormir comme des marmottes.

Le lendemain, nous nous sommes réveillés quasi ensemble. Il faisait encore nuit. C'était cinq heures du matin. Le jour allait se lever rapidement et nous décidâmes de rester encore un peu à l'horizontale. Il y avait toujours le bruit du cri-cri dehors, comme la veille. Mais en plus, nous entendions des tic-tic au dessus de notre tête. Cela venait du toit en tôle ou du plafond en panneaux de particules dont la première fraîcheur était un lointain souvenir.

Ce n'est pas que nous ayons peur, non, nous étions inquiets. Quoique un peu de trouille quand même. Qui sait s'il y avait des rats sur le toit ! De gros rats bien gras !

Les lueurs du petit jour se transformaient rapidement en pleine lumière. Le soleil s'était levé en bonne humeur. Il faisait franchement beau.

Nous regardions autour. Notre bungalow était constitué d'une seule pièce, grande comme une chambre d'hôtel moyen.

Meublée d'un lit, d'une moustiquaire et de deux petits bancs qui servaient de table de nuit. Une armoire sans portes compléta l'inventaire. Devant, il y avait une mini terrasse, constituée de quelques morceaux de carrelage d'ici et là incrustés dans une chape modeste de béton et couverte de quelques tôles en fibre de verre transparentes pour d'avantage de lumière. Le bungalow était loué avec cuisine et douche avec w.c. Il nous a fallu quelques minutes pour comprendre. Sur ce qu'on appelle la terrasse, il y avait un réfrigérateur dont la porte était tenue par un élastique. Le bas était rouillé au troisième degré.

La cuisinière à gaz de bouteille était juste à côté. Sa datation dans l'antiquité devrait pré-dater le réfrigérateur. Nous ne connaissions pas le modèle. Il y avait vaguement du papier alu sur le plan de travail, et seul 2 feux sur 5 fonctionnaient.

Le four était hors-service et servait de placard à conserves.

La salle d'eau, la douche, c'était en face à environ dix mètres. La douche servait également à six autres bungalows.

Il n'y avait pas de porte, seul un rideau en plastique assez transparent pouvait garantir l'intimité de celui ou celle qui voulait se doucher.

Comme c'était en face de nous, cela nous promettait du spectacle en live avec nous en co-acteurs !

Bon, peut-être c'est comme ça ici, il fallait bien se faire une raison, c'était payé d'avance, et râler ne servirait probablement à rien.
La mer est à deux cents mètres. La Pointe Faula se trouve du côté atlantique. Il n'y avait rien à dire, en rentrant dans l'eau le bonheur caressait nos pieds. Il y avait pied sur une très large bande, ce qui est bien agréable pour les enfants. Nous étions mouillés jusqu'au-dessus des genoux. Mais que cela ne tienne, il suffisait de s'allonger dans l'eau.
Nous étions heureux. Le charme de la Martinique est partout. L'odeur d'iode, les rires, les fleurs abondantes rivalisaient pour notre plus grand plaisir.
Malgré la fatigue de la journée, nous dormions mal. La nuit, nous écoutions involontairement courir des animaux sur le toit.
La chaleur et les moustiques faisaient le reste. Plus tard, on nous a expliqué que ce n'étaient pas des rats mais des mangoustes.
Cet animal vit à l'état sauvage à la Martinique et était même parfois chassé pour être consommé.
Au petit matin, nous étions réveillés par les coqs du quartier, mais aussi par un groupe d'ouvriers engagés par le proprio. Il avait projeté de construire une autre cabane pour servir de bungalow de location. Il avait raison, la demande grandissait sans cesse.
Le problème étant que nous souhaitions utiliser la douche et ceci en la plus simple tenue.
Mary-Tine n'avait plus pensé à la transparence du rideau quant les ouvriers passèrent devant le coin d'eau. C'était étonnant, au moment de passer, ils arrêtaient de parler, et leurs pas ralentissaient. J'étais vite sorti de la cabane et je m'étais placé devant la douche. Pour dire qu'il y avait rien à voir. Au moins pas pour eux. Quand même !
Nous sommes restés deux semaines dans le cabanon. Le proprio avait la malchance de nous demander si tout allait bien, et surtout si les travaux de construction ne nous gênaient pas trop. Il fallait mieux pour lui qu'il ne nous demande pas ça.
D'autant plus que nous avions fait la connaissance d'une dame de forte allure, enseignante et mariée à un pêcheur. Elle nous avait proposé le bas de sa maison. Une vraie cuisine, une vraie salle de bains, une vraie chambre à coucher et un petit salon. En plus, une petite terrasse et un bout de jardin avec des fleurs.
Son prix était identique à la cabane.
Il fallait une bonne heure de palabres pour obtenir le remboursement

des sommes non consommées et la rupture du contrat.
Le jour-même, nous nous sommes installés chez le pêcheur et sa femme.
C'était le bonheur, nous avions tous les jours droit à une araignée de mer, ce qui est comme une langouste, mais en mieux, de superbes crabes et du poisson. C'était gratuit. Les vacances devenaient paradisiaques.

Un matin, j'ai trébuché sur un objet dont je ne me souviens plus. En tout cas, j'avais mal à la jambe remise en forme par Dr. Doubjoli.
Je ne pouvais presque pas marcher de douleurs. Il fallait consulter à l'hôpital. Notre assureur averti, j'étais transporté par une ambulance.
L'ambulancière et son collègue, qui était aussi son époux, étaient aux petits soins, bien que le chariot risquât de se renverser par deux fois. Dans la voiture, nous avons parlé de son pays et de la cuisine créole. Son plat préféré était le chatrou composé de haricots rouges et de petites pieuvres.

Après la radiographie, le médecin m'assurait qu'il n'y avait rien d'inquiétant et que je pouvais rentrer. C'était juste un traumatisme temporaire. D'ailleurs, je pouvais déjà me déplacer assez facilement à l'aide d'une canne.

Face à la mer...

Nos ambulanciers avaient attendu, et nous proposaient de nous amener de retour. Nous étions conviés à partager le repas chez sa belle-mère qui demeurait dans une habitation en dehors de la ville.
C'était ça la Martinique.
Le chatrou était divin. Et la maman investie de bonté.
Il y avait aussi le père, deux frères avec leurs compagnes, un cousin

et la petite fille de deux ans des ambulanciers.
Le papa de Joseph élevait des coqs pour le combat. En Martinique, c'est une activité ancestrale quoique interdite par la loi Française. Les Antilles ne sont pas concernées par cette loi. Il soignait ses bestioles avec rigueur. Il était un véritable coach.
Le matin, bain de soleil dans une cage grillagée transportable, pique taille dans l'herbe, recherche d'éventuels insectes. Puis déjeuner avec de la viande de bœuf dégraissée et hachée, un peu de céréales concassées puis un apport de vitamines mélangées avec une substance de son secret, ce que les initiés appellent la pharmacie. Les coqs étaient dopés ! Mais il ne faut pas en parler...
J'ai eu le grand honneur de pouvoir tenir l'un de ses champions dans les mains pour l'admirer et constater sa vigueur et sa beauté.
Il me demandait si je m'y connaissais en volatile.
- Un peu, pas autant que vous. Mais je sais hypnotiser une poule. Je pense qu'avec un coq, cela devrait marcher aussi.
J'avais appris la manipulation par Marie, ma copine à Madagascar. Elle couchait ainsi une vieille poule sur le sol pour le décapiter. C'est cruel, mais efficace et sans douleurs. Il faut être très rapide surtout que la bête sans tête cherche à se faire la malle. Cela fait désordre.
- Je peux ? Et sans attendre la réponse, j'ai couché son coq sur le dos à même le sol. J'ai tracé un cercle avec mon doigt autour de la bête. J'avais prononcé quelques paroles en Hollandais du style « blijf rustig », ce qui veut dire reste tranquille. J'avais tenu la volaille avec la main gauche et une fois le cercle terminé, j'ai retiré avec délicatesse ma main. Le coq ne bougeait plus ! Le pauvre papa était sans paroles. Son champion était allongé sur le dos et ne donnait plus signe de vie. J'ai immédiatement regretté mon exploit. J'avais dit de ne pas parler pour ne pas mettre en danger la vie de son coq.
Il m'avait pris par la main et ses yeux me suppliaient de ressusciter son coq. Il suffisait de taper dans ses mains pour que le coq se lève comme si de rien n'y était.
Le coq était en pleine forme. Engagé dans un combat le dimanche dans le Pitt de la Mauny à Rivière Pilote, il gagna le combat et plein de sous à son propriétaire et d'autres parieurs.
Ma réputation était faite.
A plusieurs reprises, nous étions invités à gauche et à droite. Nous avions décliné certaines invitations sur conseil de nos nouveaux amis ambulanciers. Imaginez-vous qu'un coq perde, pire, qu'il meure au

combat.

Très vite, nous avons compris que notre avenir se jouerait dans ce coin de la France d'outremer. C'est à ce moment que nous avons pris la décision de nous installer à la Martinique.
D'autant que le fait de piétiner devant les fourneaux de la cuisine n'était pas exactement recommandé par le médecin. J'étais conseillé de changer de métier pour que ma prothèse puisse durer plus longtemps.
Les vacances étaient presque terminées. Nous avions le plaisir de profiter du carnaval de février et quelques soirées de zouk hot …
Nos dernières chèvres étaient déjà vendues avant de partir en vacances à la Martinique. Il fallait faire un choix. C'était trop difficile de faire deux métiers à la fois. Les bêtes étaient de plus en plus réduites aux oubliettes.

Dès notre retour, et pour rester dans « le coup » notre carte avait pris les couleurs des Antilles. Je commençais à cuisiner aux goûts et couleurs de l'outremer.
Ce n'était pas une mauvaise idée. Nos jeunes clients appréciaient les plats un petit peu plus relevés qu'à l'habitude.

Le départ

Nous entamions aussi la vente de notre restaurant et des murs. Différentes annonces ont été publiées dans les périodiques spécialisés.
Nous devions patienter encore une année avant de conclure et de pouvoir préparer le départ vers les tropiques.
Une fois le compromis signé, nous avions invité nos proches, pour faire un repas d'adieu. Nous étions une petite vingtaine. Au menu, une énorme casserole avec vingt cinq kilos de moules, cuites au beurre et au vin blanc d'Auvergne. C'était une soirée inoubliable, il ne resta pas une seule moule !
Merci à Ginette et son mari, Jacques l'artiste et sa femme la poète, le

soldeur et sa femme hollandaise, le sculpteur et son infirmière Marianne, puis les autres, tous ces gens inscrits dans la mémoire de notre cœur.

Le fait de ne pas pouvoir couronner notre union avec des enfants et de ce fait créer une vraie famille, devenait de plus en plus lourd à supporter. De ce côté, nous avions le moral en berne.
Déjà quelques temps auparavant, Mary-Tine avait été sous traitement mais rien n'y changea.
Cette fois-ci, nous avions rendez-vous à Montpellier. La fécondation in vitro avait été lancée et les premiers résultats positifs ont suivi.
Nous commencions à espérer à nouveau. Plusieurs examens ont été planifiés avant le grand jour de la fécondation.
On m'avait prié de faire ce qu'il faut faire afin d'obtenir une portion magique de bonne qualité. (Quatre jours sans câlin).
Puis en laboratoire, mes petits soldats ont été présentés aux ovules bien tenus au chaud dans une éprouvette. Après que le perçage ait été réalisé, les cellules commençaient à se multiplier. L'ensemble a été introduit chez Mary-Tine pour que, si la chance et le bonheur y contribuent, les quelques cellules invisibles à l'œil nu, se transforment en bébé.
La dernière fois que nous avons fait une tentative, c'était à la Polyclinique du Centre Hospitalier de Clermont. Le miracle de la vie n'avait toujours pas eu lieu. C'était au moment du déménagement vers la Martinique. Cela nous a permis de nous occuper l'esprit.
J'avais fait le voyage seul pour trouver une maison où nous pourrions habiter et exercer une activité professionnelle. Mary-Tine devait rester sous le contrôle de la Polyclinique. Notre restaurant et maison étant vendus, elle logeait chez Marianne et son sculpteur.

J'avais rapidement trouvé la merveille. Le prix de location était assez élevé en rapport des usages dans notre contrée auvergnate. Ce n'était pas la même chose non plus. La villa était superbe, bâtie légèrement en hauteur sur un flanc doux d'un morne.
Mary-Tine m'avait téléphoné pour me communiquer en pleurs que tout était perdu. Il ne restait plus rien des ovules implantés. Le lendemain, j'avais trouvé une place d'avion, pour être près de ma femme et partager la tristesse de ce n-ième échec avec elle…
Le médecin avait fait comprendre que cela ne servait plus à rien

d'insister. C'était comme ça et pas autrement.
Mary-Tine ayant besoin d'air pour admettre la réalité de l'échec. Pendant plusieurs jours, elle se baladait dans les chemins et les prés de l'ancien parcours des chèvres. Comme c'était la période du pissenlit, elle en ramassait plein son panier, comme les autres années. A la maison, c'était quasiment la cure de pissenlit. De quoi graver en mémoire les saisons en Auvergne dans nos chairs. Le période Bougnat rentra dans l'histoire.
Une semaine plus tard, nous partîmes pour la Martinique.
Lors de nos vacances, nous avions acheté une voiture d'occasion, ce qui est plus économique que la location. A la fin de notre séjour, il nous restait le choix : la revendre ou la garder pour plus tard. C'est cette dernière solution que nous avons préférée.
Sous la bonne garde de nos amis, les pêcheurs, ils avaient pris soin de faire tourner le moteur périodiquement, la voiture était en bon état.

Notre première maison à la Martinique

Cela nous a permis d'avoir un moyen de nous déplacer en attendant le container avec nos meubles et une autre voiture.
L'ensemble voyageait en bateau et il fallait environ trois semaines pour que l'ensemble soit livré à notre nouveau domicile.

Dans la maison, nous avons fait du camping en dormant sur des matelas gonflables en attendant nos meubles.

Nous voilà devenus des Martiniquais, ou mieux comme on dit ici des « zoreilles ».

Bien que nous ayons vendu nos biens immobiliers en Auvergne, les capitaux n'avaient pas la grandeur des millionnaires. Une fois tout réglé, crédit, impôts et autres caisses obligatoires, quelques fournisseurs, le voyage et le déménagement, il nous restait de quoi tenir quelques mois. C'était urgent de réaliser notre plan professionnel.

Nous avions prévu de mettre en place une permanence téléphonique, ce qu'on appelle aujourd'hui pompeusement Call Center ou bien plate forme téléphonique.

Nous avions pris modèle auprès de l'une de nos connaissances qui en avait fait son métier. Elle s'était spécialisée en prise de rendez-vous et gestion d'agenda. Le gros de ses clients était des médecins. L'agenda était transmis par l'intermédiaire d'un ordinateur-serveur du système minitel.

Nos abonnés pouvaient ainsi consulter 24 heures sur 24, leurs messages et l'agenda des rendez-vous.

A l'époque, il n'y avait pas encore Internet en France.

Aujourd'hui, nous avons tendance à sourire un peu en pensant à ces méthodes à ce jour totalement obsolètes, mais en ces fins d'années quatre vingt, tout à fait « up to date ».

Ollie, le beau-père et les Pom Pom's

Ollie était venu nous voir par deux fois à la Martinique, d'abord dès notre première année aux Antilles. Il était accompagné de deux amies. Toujours aussi lourd en poids, mais il avait acquis un charme indéniable.

Ses amies nesont restées que très peu de temps, elles nous avaient quittés pour aller vers Saint Martin, une île antillaise partagée de la France et des Pays Bas.

Ollie est le fils du frère cadet de mon père. Il est le quatrième enfant de mon oncle sur un total de sept. Deux de son premier mariage et cinq avec ma tante.

Ollie a été longtemps injustement le mouton noir de la famille. Il n'était pas dans les normes. Déjà petit, il était trop gros et trop grand et surtout, il ne faisait rien à l'école. La seule chose qui pouvait lui inspirer de l'intérêt, c'était la musique. Il aimait jouer à la batterie. Ollie est doué. Sa mère en désespoir de cause avait fait faire un test de Quotient Intellectuel pour déterminer ses possibilités.

Heureusement qu'aujourd'hui, on attache d'autres interprétations à ce test. En ce temps là, si tu as un Q.I. élevé, et si tu n'as pas de bonnes notes à l'école, tu es un feignant. Point barre.

De toute façon, les testeurs de Q.I. étaient souvent des farfelus en quête de métier trop bien rémunéré. Leurs connaissances venaient des livres américains. Ils n'avaient souvent aucune autre formation.

Tant pis pour les grandes écoles, son père l'avait mis en apprentissage pour devenir cuisinier. Et contrairement aux prévisions, il réussit à avoir son diplôme.

Assez de sa vie à la maison, étant en conflit permanent avec son père, il se fit enrôler avec la signature de sa mère sur un bateau comme commis de cuisine. Il a navigué ainsi plusieurs années sur toutes les mers et océans du monde. Il avait appris à parler l'espagnol, l'anglais et peut se faire comprendre en français.

A l'issue de ses périples sur les bateaux, il débarqua avec la ferme intention de vivre de son art musical. Assez rapidement, il trouva un ensemble de jazz et des galères de tous genres.

Heureusement, il était périodiquement sollicité pour accompagner tel ou tel chanteur, ou chanteuse, sans public, pour l'enregistrement d'un disque en studio.

Ollie en jardinier à la Martinique

Je crois que c'était à cause de son profil et de son poids qu'il avait de graves difficultés à percer dans cette époque dans ce métier

artistique, où l'apparence est incontournable. Dans mon cœur, Ollie est plus un « petit » frère qu'un cousin. Je me suis toujours senti proche de lui. Il avait la capacité comme moi de s'attirer des emmerdes sans le savoir ou de chercher les déceptions sans le vouloir. Il voulait simplement qu'on l'aime pour ce qu'il était. Ollie avait l'âme d'un artiste, il ne pouvait que réagir et penser comme tel.
Nous avons environ quinze années de différence d'âge. La dernière fois que je l'ai vu, avant qu'il nous ait rendu visite en Auvergne, il n'avait que huit ou neuf ans.
Après mon retour de Madagascar, ma mère m'avait raconté un peu de sa vie. Je ne l'avais pas oublié.
En Auvergne, il était venu en voiture avec une copine. A eux deux, ils pesaient près de trois cents kilos. La R5 avait été renforcée avec des barres de fer pour supporter le poids. Chez nous, ils dormaient à terre sur un matelas. Visiblement, son bonheur étalé ne correspondait pas tout à fait à la réalité. Il était très content de me revoir. Moi aussi. Mary-Tine le trouvait génial. Elle a le don de percer le côté intime des gens. L'apparence n'a que très peu ou même pas du tout d'importance pour elle.

Notre maison en Martinique était située sur le flanc d'un morne longeant une route nationale. Elle était construite sur pilotis, le rez-de-chaussée servait de garage et de buanderie. Nous habitions à l'étage. Une large terrasse bordait la façade.
Mon beau-père, joueur de bridge fanatisé, était venu nous voir pour participer à un tournoi international de bridge aux Trois Îlets, une commune au sud de l'île.
Il ne jouait pas tous les jours, les éliminatoires se jouaient en poules de plusieurs tables constituées par tirage au sort.
Les autres jours, il jouait avec nous selon notre occupation de temps, aux tarots. Il ne savait pas jouer à ce jeu. Nous lui avons appris. Au bout de dix minutes, il avait tout compris. Une demi-heure plus tard, il avait renversé les rôles et nous conseillait comment jouer. C'est vrai qu'il a le don des cartes et la mémoire qui va avec. Chaque jeu devenait un combat féroce pour le gain de la partie. Pour nous, c'était un divertissement, histoire de passer un bon moment ensemble.
Assez rapidement, Mary-tine et moi avions trouvé des excuses de ne pas avoir le temps de jouer. Ollie était toujours chez nous, il se

dévoua de s'occuper de beau-père.

Ollie n'ayant aucun lien de famille avec mon beau-père, était beaucoup plus à l'aise avec lui. Il était malin, et doté d'une mémoire des cartes aussi forte, sinon plus, que mon beau-père.

C'était le spectacle. Ils avaient inventé un jeu de tarots à leur façon, jouable à deux. Les reproches, pas loin des insultes plus ou moins conviviales, débordaient de la table. Mon cousin comprenait parfaitement ce que son adversaire disait. Par contre, le beau-père ne comprenait pas quand Ollie donnait les répliques dans sa langue maternelle, le hollandais. Ses commentaires étaient plutôt destinés à mes oreilles. Tant que cela restait dans les limites du jeu, je m'amusais beaucoup.

Finalement c'était bien, parce que le beau-père appréciait Ollie. Disons le respect de l'adversaire.

Dans le jardin, nous avions deux oies, un mâle et une femelle. Nous les appelions « Pom-pom-pom-pom » au rythme de la cinquième symphonie de Beethoven. Quand nous les appelions, elles venaient à toute vitesse pour ramasser le bout de pain ou nourriture en extra. Ollie nous les avait achetées pour répondre à la difficulté de tondre l'herbe. Surtout là où le terrain était en pente.

Autour de septembre c'est la saison des cyclones et autres tempêtes de ce genre. Cette année-là, 1989 nous avions droit à une alerte renforcée, le *Le beau-Père avec les Pom Pom's* gros du cyclone se dirigeait droit sur la Martinique. S'arrêta, changea de direction et passa principalement tout près de la Guadeloupe à cent vingt km de là. C'était exceptionnel. De mémoire d'hommes, on n'avait jamais vu ça. Le cyclone étant annoncé, nous avions fermé les fenêtres et portes avec des planches. L'atmosphère pesait. Les oiseaux et autres criquets cessaient de chanter. L'air était plus moite que d'habitude. La radio locale diffusait des bulletins d'alerte. L'angoisse dura plusieurs heures.

Malgré le changement de direction, il y eut beaucoup de vent et il pleuvait des cordes. La route était inondée, puisque les caniveaux débordaient. Il y avait des branches d'arbres tombées à terre, des bananiers arrachés. Le voisin en face avait même perdu un bout de son toit.

Les oies étaient attrapées et parquées sur la terrasse entre deux filets et des bouts de bois solidement attachés à la barrière en fer forgé.
En un minimum de temps, elles avaient transformé la terrasse en patinoire avec les déjections.
Nous, nous jouions aux … tarots !

La tempête finie, le tournoi de bridge avait repris ses droits. Beau-père pensait rester trois à quatre semaines, en comptant sur sa qualification pour la demi-finale, puis éventuellement pour la finale.
Associé à une dame « béké », il ne pouvait pas développer son jeu, comme il disait. La dame se trompait dans ses annonces et était folle. Il décréta que les gens ne savaient pas jouer, et quitta le tournoi.

Ollie était déjà parti pour retourner au Pays Bas, le beau-père décida de partir aussi avec une semaine d'avance sur son plan. Sa fille n'a rien compris. Moi non plus.

Le train-train

Régulièrement, et surtout au début de notre période martiniquaise, nous recevions du courrier des anciens copains de l'Auvergne. C'était pour la plupart, des clients de notre auberge avec qui nous avions tricoté des liens plus amicaux. Notre présence à la Martinique était une aubaine. Les tarifs des vols commençaient à être plus abordables pour le grand public. Par contre, les locations sur place n'avaient pas encore suivi la tendance. C'est comme ça que subitement on regretta notre absence en Auvergne, et que nous manquions beaucoup. Une situation insupportable. Alors pour palier à tout ça, nous recevions des lettres dans le style :
- Depuis que vous êtes partis, il y a comme un vide ici. Heureusement que nous avons décidé de venir quelques semaines (!!!) chez vous pour vous tenir compagnie …

Effectivement ils sont venus. Nous avons nourri, servi, nettoyé leurs affaires, parfois prêté la voiture. Ils avaient mis les pieds sous la table pour dire à Mary-Tine, qui était au téléphone pour notre travail, que la table n'était pas encore débarrassée. C'est gênant, une table encore pleine de vaisselle sale. À moi on évita de me faire des remarques. Va savoir pourquoi ? Je ne suis pas quelqu'un de méchant ou violent...
Et en s'adressant à sa femme :
- N'est-ce pas ma chérie ? Chez nous, il ne traîne rien ! Non, restes assise, t'es en vacances ! Quand même !
Je lui ai dit que Mary-Tine n'était pas leur bonne, et rien n'empêchait qu'il puisse débarrasser lui-même, s'il estime que sa bobonne était en vacances. Le lendemain, ils étaient partis pour aller changer l'air. Ils avaient bien raison.

Notre nouvelle activité fut difficile à démarrer. Notre premier client, c'est un pédiatre, le deuxième une gynécologue. C'est sympa, mais la marmite ne peut pas se remplir avec si peu.
Pour palier à tout ça, nous décidons d'ouvrir à nouveau un restaurant dans la villa-même. La terrasse se prêtait parfaitement à cette activité, la cuisine était grande et propre.
Pour cause, la maison était quasiment neuve. Le salon se transformait en bar et salle à manger.
Notre privé avait déménagé dans les deux autres chambres libres. La permanence téléphonique occupait déjà l'une des pièces.
Le restaurant nous a permis de faire connaissance avec des gens, de promouvoir notre activité téléphonique et de créer un carnet d'adresses. Avec le résultat de la restauration, nous pouvions payer le loyer et autres frais.
Au bout d'un an, l'activité téléphonique avait gonflé et nous ne pouvions plus marier les deux activités. De plus en plus souvent, Mary-Tine abandonnait les clients voulant passer commande pour aller répondre au téléphone et négocier un rendez-vous avec l'un de nos médecins. Les deux activités avaient cessé d'être compatibles.
Ma tâche était de trouver de nouveaux clients et faire la démonstration de nos capacités. J'assurais aussi le côté technique, pour avoir bricolé des téléphones un peu spéciaux avec un système de standard vers les médecins à qui nous « passions » le patient ou confrère quand nous n'avions pas la réponse souhaitée. Le système

était élémentaire et plus tard, une grande marque en téléphonie a pris soin de regrouper nos nombreux numéros de téléphone et de nous inventer ce que nous souhaitions. Aujourd'hui, tout ça est devenu banal. Il y a vingt ans, nous étions carrément des pionniers.
Quelques temps après, l'entreprise a déménagé dans un local plus adapté. Notre équipe de télé-secrétaires s'était élargie à sept filles et un garçon. Avec quelques activités secondaires, nous employions neuf personnes.
Notre entreprise allait vivre pendant dix ans environ. L'arrêt fut brutal, mais cela est une autre histoire.
C'était le tour de Steph le brocanteur de venir nous voir à la Martinique avec sa femme et leur fils. Il avait changé. Nous ne connaissions pas Eve. Il nous expliqua à l'oreille qu'avec Annie y avait eu des problèmes. Ils avaient perdu le contact.
Il avait rencontré Eve, et il en est tombé réellement amoureux.
Les quelques années de plus l'avait transformé en bon père de famille. Il riait toujours autant, mais son discours avait un autre sens, disons plus posé. Eve exerçait son métier de sage-femme, très branchée homéopathie, et lui sa brocante en gros.
Le petit brocanteur avait pris de l'épaisseur. Même au niveau de son ventre.
La venue de Steph et sa petite famille avait transformé un peu notre quotidien en vacances. Eux, ils ne posaient pas de questions inutiles et n'étaient pas encombrants.

Antoine

C'était Noël 1991, nous étions avec des amis dans une maison à Macabou, tout près de la mer. Il y avait beaucoup de monde, des enfants, des petits et des grands, les parents et même quelques mémés et pépés. Nous étions invités par l'un de nos clients avec qui nous avions lié amitié.
C'est à cette période que le manque d'enfant nous pesa le plus. Et pour accentuer tout cela, il y avait toujours quelques braves gens qui nous demandaient :
- Et vous, vous n'avez pas d'enfants ?

À la Martinique, pour les anciens surtout, avoir des enfants était sacré. Une famille sans enfants n'en était pas une.
Nous ne dormions pas à Macabou pour laisser la place à d'autres invités qui habitaient plus loin que nous. En effet, notre maison n'était qu'à dix minutes en voiture. Rentrés à la maison, nous avons eu ***la discussion***.
Discussion qui allait définitivement changer notre vie.
Mary-Tine est une femme extrêmement courageuse. Elle souffrait à ce moment de pépins dans ce que je désigne comme « le mécanisme à procréer ». Les « tuyaux » étaient bouchés, ce qui ne permettait plus aux graines du mâle (je suis le cultivateur), d'accéder au paradis des ovules.
Le médecin lui avait prescrit une pilule contraceptive dosée pour éviter la formation de kystes qui pouvaient même atteindre la grosseur d'un pamplemousse.
C'était le comble, une femme qui voulait à tout prix tomber enceinte, obligée de prendre la pilule !
Le lendemain, une lettre a été rédigée et envoyée aux services sociaux du département de la Martinique avec notre demande d'agréer notre désir d'adopter un ou plusieurs enfants.

Il fallut attendre jusqu'à fin août pour avoir une réponse et une convocation afin de rencontrer l'assistance sociale.
La rencontre a eu lieu à la mi-septembre. Nous étions reçus par une jeune femme avec un sourire engageant. Sa voix douce nous invita à nous asseoir et surtout à se décontracter. Nous avions toujours en mémoire la rencontre avec la « demoiselle » en Auvergne quelques années plus tôt.
On aurait cru que nous étions à un cours de sage-femme, pour un accouchement sans douleurs. Style respirer profondément, décontracter vos muscles, etc.
Madame AS (pour Assistante Sociale) nous expliqua que le chemin était encore long. Que nous devrions consulter un psychiatre, faire des radios du poumon, avoir un certificat médical, et programmer plusieurs entretiens avec elle-même pour vérifier que notre motivation était sincère et durable. C'était comme si nous nous préparions à un examen important.
Quinze mois plus tard en décembre, le conseil de famille du service social du département nous accorda l'agrément d'adopter.

Il ne nous restait plus qu'à attendre.
Notre demande était inscrite sur la liste des futurs parents adoptifs mais nous n'étions pas les seuls.

Quelques jours après, en sortant d'un centre commercial, j'ai trébuché sur l'un des bouts de béton de quelques vingt centimètres de hauteur, couché à terre, qui empêchait les gens de circuler en voiture près de la porte d'entrée. C'était le vingt-quatre décembre à six heures du soir.
Tombé à terre, je ne peux plus me relever. Les pompiers me transportent vers l'hôpital où les médecins constatent une fracture du tibia. C'était la même jambe avec laquelle j'avais déjà eu un pépin.
On m'a gardé la nuit. Le vingt-cinq décembre, le jour de Noël, ma jambe était plâtrée pour une durée de deux mois environ.
On m'accorda un retour à la maison, à condition de ne pas m'appuyer sur la jambe, et de me mettre au repos, comme si j'étais à l'hôpital. Une infirmière me rendait visite régulièrement.

C'est dans ces conditions qu'au mois de février le téléphone sonne. Allongé sur le lit, Mary-Tine est assise à côté de moi. Nous dégustons un jus de goyave bien frais.
C'était Madame AS. Et avec un air tout à fait banal, comme si elle nous proposait de prendre l'apéro, elle nous invita à venir à la pouponnière départementale pour rencontrer un tout petit garçon de six mois à peine. Il était venu au monde sous « X«. L'histoire de ses géniteurs devait rester dans l'inconnu.
Le lendemain, j'avais rebaptisé le plâtre de repos en plâtre de marche et avec l'aide de béquilles, nous sommes allés à la pouponnière. C'était la première rencontre avec le bébé qui allait devenir notre fils. L'émotion était plus que palpable, Antoine, c'est le prénom que nous allions lui donner, est un bébé souriant. Il brailla de plaisir quand Mary-Tine l'a pris la première fois dans ses bras. Immédiatement, à l'instant même où elle serrait son fils contre elle, elle était devenue maman. Plus rien ne pouvait être autrement.
J'hésitais un moment de le prendre dans mes bras aussi pour ne pas interrompre ce moment majestueux plein de tendresse et d'amour.

Antoine avait à la pouponnière tendance à rendre ses aliments encore liquides. A la consultation chez le pédiatre de la pouponnière, il nous

expliqua :
- Ce n'est pas trop inquiétant. Il faut surveiller, mais je pense qu'une fois chez vous, ça ira mieux. Actuellement, il vomit probablement l'endroit où il vit. C'est un bébé très sensible.
Deux semaines plus tard, notre bébé vint à la maison définitivement. La période d'adaptation réglementaire était terminée.
Antoine arrêta effectivement de vomir. Il avala ses biberons avec gourmandise. Lui aussi, il nous avait adoptés.

Borsky

Borsky est masseur-kinésithérapeute. J'ai fait sa connaissance lorsque le médecin ordonna d'enlever le plâtre. Il est chargé de me mettre sur pieds en m'aidant à faire certains mouvements, afin d'habituer ma jambe au poids de mon corps, couplés aux massages de ses mains assez rugueuses de marin.
Borsky est une sorte d'aventurier. Il possède un voilier de onze mètres, qui sert de domicile à toute la famille. Son bateau était ancré à Sainte Anne. Il avait loué dans cette ville un local pour exercer son métier. Diplômé d'état, cela ne posait pas de difficultés. C'était sa méthode, il restait un ou deux ans en mouillage pour gagner de l'argent et permettre à sa fille d'aller au collège au lieu de son cours à distance.
Ses visites à domicile se transformaient souvent en récits d'aventures sur les mers et océans sur lesquels il avait navigué pendant qu'il pratiquait son art. Ses visites étaient un bienfait, tant pour le corps que pour l'oreille.
Quant à ma jambe, il n'était pas trop content. Il n'y avait guère d'amélioration, ce qui l'amena à me conseiller de voir au plus vite mon médecin à l'hôpital.
Ce fut assez rapidement fait. Une nouvelle radio a été prise, on a constaté que la fracture n'était pas soudée au bon endroit. A chaque moment, une nouvelle fracture risquait de se produire.
Le médecin se confondait en excuses de ne pas l'avoir vu la dernière fois. La radio était prise certes avec le plâtre, mais personne ne l'empêcha de faire une radio de contrôle tout de suite après le

déplâtrage.
Il me proposa de m'hospitaliser immédiatement, de m'opérer et de recasser, puis de rectifier l'erreur avec des vis. Je n'avais nullement envie de me soumettre à ce brave monsieur. Je lui expliquais que je ne pouvais pas venir immédiatement. Je voulais d'abord exposer mon cas à Borsky. J'ai été à nouveau plâtré pour éviter les pépins.
Borsky me conseillait également de me faire opérer. Mais si j'avais peur ou pas suffisamment confiance, rien ne m'empêchait d'aller voir ailleurs.
J'ai immédiatement téléphoné à mon Dr. Doubjoli. Je l'ai mis en communication avec Borsky pour qu'il explique mon cas en termes techniques.
Doubjoli m'invita à venir. Il m'a dit plus tard qu'il était assez fier que l'un de ses anciens patients n'hésite pas à faire près de huit mille km pour le consulter.
Une semaine après, je suis parti pour la France. J'avais téléphoné à des amis pour régler mon transport à partir d'Orly.
Marianne, une amie et également infirmière, était venue de l'Auvergne pour me chercher avec sa voiture.
Le lendemain, j'étais en consultation chez Doubjoli. Il m'a ôté le plâtre qu'il a remplacé par un bandage plus commode.
Rendez-vous a été donné dans dix jours seulement pour cause de disponibilité de lits. Marianne travaillait les nuits, ce qui me donnait la place dans son appartement. Je gardais en même temps ses enfants quand le père, avec lequel elle était séparée, n'était pas disponible. Quand Marianne était à la maison et avait ses occupations et son amoureux, j'allais dormir chez son ancien compagnon, le père de ses enfants.
L'opération était une réussite selon Doubjoli. Il avait mis quelques vis pour tenir le paquet et me conseilla de me tenir tranquille. Il me garda encore une dizaine de jours à l'hôpital pour me maintenir sous surveillance.
J'étais placé dans une chambre individuelle qui avait l'allure d'une chambre d'hôtel avec quelques étoiles. Il y avait plusieurs fauteuils, une salle d'eau et toilettes.
Même Francine est venue me voir avec sa fille à la clinique et sans Maurits.
Nous nous sommes perdus un peu, la Martinique, c'est trop loin pour passer la soirée ensemble, les communications téléphoniques encore

hors de prix. De toute façon, Maurits n'était pas ma tasse de thé.
C'était sympa sa visite. Même une autre fois avec Maurits, qui resta à coté de la porte, pour nous faire comprendre qu'il n'avait rien à dire d'autre que des banalités.
Le cuisinier, ancien client de l'Auberge, était venu me voir plusieurs fois pour me gâter de petits plats spécialement concoctés à mon égard. J'étais ravi.
Les autres jours, quand il était en congé, je me contentais de la cuisine ordinaire à midi, et le soir je commandais une pizza dans un restaurant italien juste en face de la clinique.
Je ne pouvais soupçonner avant d'arriver dans notre ancien fief, combien d'amis nous avions. Les deux semaines de mon
hospitalisation furent remplies de visites du matin au soir. A certains moments, il n'y avait pas loin de dix personnes dans ma chambre.
Tout cela ne pouvait pas empêcher la détresse et le manque de Mary-Tine et de mon fils Antoine.
J'étais en train de louper quasiment son premier mois dans notre vie. Et même s'il était encore bébé, j'étais persuadé qu'il me cherchait, qu'il avait aussi besoin de moi.

A mon retour, Borsky était à nouveau là, pour mettre les choses en bon fonctionnement. Cette fois-ci, il n'y avait plus de problèmes. Il n'y a pas de miracles. Le mal qui était fait, avait forcément laissé des traces.
Le gentil Borsky nous avait même invités pour une journée de navigation avec son voilier. Ma mère et Wim, son compagnon, étaient avec nous pour quelques semaines.
Pour Borsky, il n'y avait pas de soucis. Il embarqua tout le monde. Y compris Antoine, qui brailla de plaisir. C'est impressionnant comme ce bateau se propulse poussé par le vent, les voiles bombées.

Piou-pious

Depuis quelques temps, nous avions introduit une nouvelle demande d'adoption pour un autre enfant ou plusieurs si fratrie.
La confirmation de notre agrément n'était pas encore signifiée, que

Madame AS, c'était toujours la même, nous appela pour nous demander si nous pouvions nous occuper d'une petite fille d'un peu plus de deux ans en souffrance psychologiquement. Elle n'était pas encore en situation d'adoptable, mais sa famille d'origine ne s'occupait plus d'elle depuis qu'elle fût placée en pouponnière, de suite après sa naissance.

Une visite a été organisée et nous avons vu Adriana notre fille pour la première fois.

Elle nous regardait à peine, mais nous surveillait constamment quand nous regardions ailleurs. Elle était très occupée avec son pouce et une espèce de chiffon qu'elle ne lâchait jamais.

Au bout de deux ou trois visites, elle m'accorda le droit de la tenir par la main lors de nos promenades dans le parc de l'institution.

Elle ignorait totalement Mary-Tine. Le psy nous avait expliqué que les enfants dans la pouponnière n'étaient pas tous des orphelins ou abandonnés. La plupart des enfants avaient des mamans (très peu de papas) en difficulté. L'enfant était placé plus ou moins temporairement, ce qui permettait à la maman de s'organiser et stabiliser leur vie.

Aussi, quasi tous les enfants avaient une photo de leur maman au-dessus de leur lit. Sauf Adriana.

Cette situation d'abandon lente la perturba sérieusement. Elle avait décidé dans sa petite tête de boycotter la vie courante et de ne communiquer que le strict minimum.

Il est presque certain qu'Adriana prenait Mary-Tine pour sa vraie mère, celle qui l'a mise au monde, puis coupable de l'avoir laissée là. Elle était rancunière.

Moi, j'avais le beau rôle. Les papas, il y en avait peu ou pas de tout. Sauf pour Adriana qui avait trouvé son papa et de ce fait une richesse autrement que les autres. C'était même un plus.

Ma fille et moi avons participé à un anniversaire de l'un des enfants. La maman avait fait un gâteau. J'ai offert les boissons que j'étais allé chercher dans l'épicerie du quartier. Adriana avait le sourire, moi aussi.

Sur les conseils de sa référente et son psy, Mary-Tine restait à la maison pour me permettre de rencontrer Adriana seul. Je lui ai donné un petit album que nous avions constitué avec des photos d'Antoine, Mary-Tine et moi-même dans notre maison et le jardin.

Adriana accepta le cadeau et avait même laissé son chiffon fétiche de côté pour tenir en permanence son album. Elle dormait avec, et était mécontente de ne pas pouvoir le prendre avec elle pour son bain.
Je racontais notre vie, notre désir de l'avoir avec nous. Quelques semaines après, la psy était d'accord pour, comme elle disait:
- il faut crever l'abcès, qu'Adriana vienne à la maison. Ce fut catastrophique. Sa référente ne resta pas avec elle. Il était convenu qu'elle s'absente une ou deux heures pour nous permettre de nous occuper d'elle.
Adriana hurla quand son accompagnatrice partit. Elle se plaça dans un coin et ne bougea plus jusqu'à l'arrivée de la dame.
L'opération a été répétée plusieurs fois et chaque fois, la même chose.
Nous décidâmes de forcer un peu le destin. Nous avons exigé qu'Adriana vienne à la maison, que son accompagnatrice parte et ne vienne plus la chercher.
Adriana resterait à la maison, et si éventuellement cela ne fonctionnait pas, il était toujours temps de les avertir.
Le lendemain, Adriana était de retour. Déjà la dernière fois, j'avais réussi à entamer un dialogue avec elle, et d'attirer un peu son attention. Cette fois-ci, il fallait faire mieux !
Adriana regardait partir la dame. Se mit à pleurer quelques instants et se dirigea vers moi. Elle plaça son pouce dans la bouche, s'agrippa avec son autre main à la couture de mon pantalon et ne bougea plus. Quand je voulus me lever pour aller par exemple dans la cuisine, elle venait dans la cuisine aussi. Toujours en tenant la couture de mon pantalon.
Entre temps, elle avait quand même l'œil sur Antoine. Seulement quatre mois d'âge de différence.
Antoine l'observait comme une sorte d'espèce curieuse. Il était très intéressé de jouer avec elle.
Puis le soir, elle accepta de se détacher de moi et d'aller dormir dans la chambre d'Antoine. Nous les avions mis côte à côte sur deux matelas à terre pour éviter de tomber et qu'ils puissent jouer tranquillement ensemble.
Adriana avait maintenant deux centres d'intérêt. Un papa et un nouveau frère. Il manquait encore la maman et la famille serait au complet.
Bien trois semaines plus tard, sans aucun signe supplémentaire, elle

s'adressa à Mary-Tine pour demander une friandise :
- Maman, donne...
Nous avions tous les larmes aux yeux. Adriana avait terminé son long voyage. Elle était enfin chez elle.

Quatre mains ... Quatre piou-pious

Environ un mois après l'arrivée d'Adriana, madame AS nous téléphonait. Elle avait constaté que notre fille allait bien et que l'intégration était un succès.

Après avoir tourné autour du pot et autres banalités, elle nous expliqua à titre d'information comme elle disait, qu'Adriana avait encore un frère et une sœur respectivement de quatre ans et demi et six ans et demi. Ils ont été placés dans une famille d'accueil. Madame AS se demandait si éventuellement, on ne sait jamais, enfin si on pouvait garder la fratrie intacte... Bien sûr, Adriana ne connaissait ni sa sœur, ni son frère, elle ne les avait jamais vus. Notre agrément était valable pour une fratrie.
Bref, elle nous demandait de réfléchir, et nous promettait de nous rappeler quelques jours plus tard. Nous n'avions pas besoin de réfléchir longtemps pour prendre notre décision.
Voilà une belle famille de deux garçons et de deux filles. Nous n'avions pas d'expérience en la matière, surtout avec des enfants ayant vécu ailleurs et dont l'histoire de leur vie avait déjà bien commencé.
De toute façon, sûrs de pouvoir compter sur l'aide psycho-logique du service de Madame AS, je lui téléphonais dès le lendemain pour dire que nous souhaitions rencontrer les enfants.
Le même jour, dans mon bureau en-dessous de notre demeure, j'ai un coup de fil de Roman avec :
- C'est toi mon nouveau papa ? Madame Futile m'a dit que j'aurais plein de cadeaux. Je te passe ma sœur.
- Allo ? C'est Emilie, quand tu viens nous chercher ?Madame Futile

était la dame de la famille d'accueil. Visiblement, elle avait parlé plus vite que son ombre. Notre temps de réflexion était éliminé d'office. Notre décision était prise. Nous allions avoir quatre enfants et pas un de moins.
Une semaine plus tard, nous recevions en visite Madame Futile avec les deux enfants et l'assistante sociale qui s'occupait d'eux.
Heureusement, j'étais bien planqué sur mes pieds, parce qu'au bout de deux secondes, ils avaient conjointement sauté autour de mon cou.
Nous avions droit aux grosses bises et aux yeux brillants.
Très vite, nous avons fait le tour de la maison et ils ont fait connaissance avec Antoine et Adriana.
Leur chambre n'était pas encore installée, puisqu'ils devaient retourner avec Madame Futile.
C'était prévu comme ça selon le protocole d'usage. D'abord quelques visites chez nous ou chez Madame Futile, puis quelques jours à la maison et après avoir écouté tout le monde y compris les enfants, le service d'adoption allait prendre sa décision. De toute façon, ils ne pouvaient qu'être placés comme Adriana qu'à titre provisoire jusqu'à l'enquête officielle de la justice en ce qui concerne l'intention de leur mère.
Nous avons réussi à fêter Noël ensemble. Marianne, mon infirmière et amie était de passage à la Martinique. Elle et ses enfants allaient vivre à la Guadeloupe.
D'abord pour nous aider à mettre sur orbite le pôle médical de notre plate-forme téléphonique, puis elle s'installa comme infirmière indépendante.
C'était une semaine pleine de rires et de joies. Nous ne pouvions pas en croire nos yeux en regardant nos pioupious. Enfin, le destin avait fait son œuvre en notre faveur. Les enfants étaient heureux, il n'y avait aucun doute.
En févier, Emilie et Roman étaient toujours avec Madame Futile.
L'assistante sociale n'avait pas encore eu le temps de s'occuper de notre cas. Il fallait peut-être attendre jusqu'à la fin de l'année scolaire.
J'avais également fait noter que la fille de Madame Futile, âgée d'environ vingt cinq ans se faisait appeler Maman. Ce qui est strictement interdit par le service de la protection à l'enfance.
Une famille d'accueil est en principe une famille temporaire. Une

autre fois, j'avais remarqué des bleus sur le bras de Roman. Quand j'en demandais à Madame Futile la raison, elle me répondit que les enfants, parfois turbulents, se blessent facilement.
Mécontent quant à sa réponse, j'avais pris contact avec Madame AS pour qu'elle puisse peut-être intervenir.
Mary-Tine voulait aller plus loin en disant que si cela traînait trop longtemps car perturbant pour les enfants, nous allions nous retirer.
Ce « coup de poker » allait réussir. Le lendemain, le service nous a téléphoné pour nous dire que nous pouvions venir chercher les enfants. Madame Futile a été mise au courant et nous attendait.
C'est ainsi qu'Émilie et Roman ont définitivement rejoint notre famille. Ils allaient avoir peu après sept et cinq ans.
Quelques semaines plus tard, l'enquête sur leur filiation étant terminée, le juge avait déclaré que nous étions les seuls tuteurs des enfants. Antoine était déjà officiellement adopté, et portait notre nom.
L'adoption et le changement de l'état civil de son frère et ses deux sœurs intervenaient environ un an plus tard.
Nous étions déclarés père et mère officiels de nos enfants. Et ça, personne ne pourrait plus le changer.

Deux mois après que nos enfants portent tous notre nom de famille, nous sommes partis pour la métropole. Histoire de faire la « promotion » de notre famille élargie.
Nous avons loué un camping-car par minitel, mis à notre disposition à l'aéroport.
Le camping-car était une idée géniale, ce qui nous permettait de voyager en ayant de l'espace pour les enfants. Ils pouvaient même dormir pendant le temps que nous conduisions.
La journée, nous nous déplacions peu pour donner aux enfants le loisir de s'amuser et de découvrir le paysage différent de la Martinique. En soirée, nous partions pour aller plus loin dans notre tour de piste de visites des pépés et mémés, des tatas et tontons, des cousins et cousines, et aussi des amis. C'est vers minuit, une heure du matin que nous faisions une halte pour aller dormir nous aussi.
Nous avions ainsi l'indépendance de notre logis de vacances et des horaires de nos déplacements.
Même dans la famille et chez des amis, le fait de venir à six n'est pas toujours évident pour s'inviter à dormir.

Le trajet allait être fastidieux. D'abord, vers le sud du pays pour voir les parents de Mary-Tine. Nous étions bien reçus. Le patriarche nous fit tout de même comprendre que s'engager avec quatre enfants, c'était de la folie. Si c'était encore de son sang…
Combien ? Quatre ? Et ils viennent d'où comme ça ?
Visiblement, il regrettait de ne pas pouvoir regarder sa propre image dans les enfants de sa fille. L'absence du sang en héritage peut-être. Je ne pense pas que la difficulté était que nos enfants soient disons fort bronzés, puisque si j'avais été noir de peau, il aurait très bien accepté les enfants naturels de sa fille.
Nous ne sommes restés que quelques jours en dormant dans notre camping-car devant la maison. Il y avait bien de la place à l'intérieur, mais il ne l'avait pas proposé. C'était sans doute mieux ainsi. Ma belle-mère était handicapée et n'avait plus la force de manifester son opinion.
La prochaine étape, c'était notre ancien village en Auvergne. La route était longue. La période de l'année était propice à la dégustation des fraises et des cerises. Il y en avait partout, des étals au bord de la route.
En Martinique, ce genre de fruits ne peut pas être cultivé. Dans les magasins, les barquettes de fraises et de cerises sont importées par avion et de ce fait hors de prix.
La qualité n'était pas la même non plus. Les étals étaient souvent exploités par le maraîcher lui-même.
Plusieurs fois, nous nous sommes arrêtés pour se faire une éclate de fraises et de cerises. Les enfants adoraient ces festins. Nous passions par des forêts de sapins, « des arbres de noël » comme disaient nos enfants, et nous nous sommes baladés sur des plages aussi larges qu'un terrain de foot. Il faisait frais, et la mer sentait bon.
Quelques jours après, nous arrivions en Auvergne. L'accueil était superbe, nos anciens amis et voisins nous recevaient avec joie.
Le restaurant a été transformé en habitation normale. L'Auberge n'existait plus. Je n'ai pas osé demander aux propriétaires de visiter le bâtiment. J'aimais bien cet endroit. Le fait que tout soit transformé me procurait les boules.
Les enfants étaient tout de suite à l'aise. Ici, ils avaient le droit de courir, de voir, de parler, de savoir.
Nous avions placé le camping-car chez Ginette. Comme d'usage, elle et son homme avaient fait des miracles. Ils avaient invité les parents

de Ginette que nous connaissions bien. La tablée fut mémorable, que de bonnes choses auvergnates, de quoi avoir la nostalgie !
Mary-Tine n'avait pas oublié son cheval Océan. Et comme il était toujours chez son nouveau propriétaire, elle était allée le voir pour le caresser et lui parler. Le cheval l'avait peut-être reconnu, parce qu'il avait henni quand elle avait mis la main sur sa truffe.

Notre prochaine halte, ce fut chez la sœur de Mary-Aine dans la grande couronne parisienne.
Nous n'avions rien dit et nous voulions faire la surprise. Raté, parce que le patriarche avait déjà vendu la mèche par téléphone. Tout en précisant qu'elle devait faire attention à nos enfants, de vrais brigands parce qu'ils avaient même cassé un bout de vitre de ses mini-serres de salade dans le jardin. Il en était fort embêté. A nous, il n'a jamais rien dit de cette histoire.
C'est dans ce contexte que nous sommes arrivés devant la maison de la belle-sœur avec l'intention de fêter les retrouvailles et la rencontre avec les nouveaux neveux, cousins, nièces et cousines.
La chaleur des retrouvailles n'avait pas atteint les degrés de nos espérances. Décidément, le rêve ne se transforme pas toujours en réalité.
L'autre sœur était également venue voir pour satisfaire sa curiosité. Peut-être aussi l'envie de revoir sa sœur aînée. Elle était accompagnée de ses enfants et de son compagnon. A ce jour, je connais à peine son nom. Il n'avait pas dit un seul mot sauf lors de la poignée de main obligatoire par politesse imposée. Quoique cela pourrait aussi être une sorte de timidité ou de la réserve naturelle. Dommage que je n'ai pas su le dégeler un peu.
La belle-sœur exerçait le métier superbe d'éducatrice. Forte de ses connaissances en la matière, immédiatement et sans délais, elle nous aspergea de conseils en matière d'éducation des enfants en difficulté probable. Elle me faisait chier. Il n'y pas d'autre mot à cela. Quand Mary-Tine proposa d'aider son fils aîné de douze ans, à réussir son devoir d'anglais, la sœur se bornait comme une lionne au refus. Elle ne souhaitait pas l'empiétement sur son territoire. Mon beau-frère, son mari se bornait à s'abstenir de tout commentaire. Visiblement, l'ingérence, même positive n'était pas dans ses habitudes. A moins que je me trompe?
Les enfants entre eux se sont moins posés de questions.

C'est normal, ils n'avaient pas encore l'âge de chercher midi à quatorze heures.
Nous avons tenu trois jours. Bien que nous ayons le droit de dormir dans sa très grande maison, l'atmosphère était parfois à couper au couteau. Chacun de nous avait droit à sa part :
- Tu ne devrais pas agir comme ceci, tu devrais mieux surveiller tes enfants et si j'étais toi, je ne ferais pas comme ça et patati et patala.
Seulement, elle n'était pas moi et encore moins Mary-Tine, qui souffrait mille larmes de cette situation.
Après une dernier recommandation, cette fois-ci plus brutale, je lui ai fait comprendre que je n'étais pas obligé de rester chez elle. J'avais mon domicile temporaire devant la porte sous forme de camping-car et j'ai claqué la porte. Peu après Mary-Tine, enfants et valises avaient suivi.
Nous avions buté sur une incompréhension bilatérale. Chacun resta sur ses positions, immergé par sa façon de vivre. Les uns et les autres avaient taillé la vie avec leurs propres facettes.
Découvrir et accepter la beauté de l'âme de l'autre étaient devenu une impossibilité. Les affinités ont peut être été réduites au minimum, en cause l'éloignement de chacun.
C'est triste, y compris pour les enfants. Avoir des cousins et cousines de leur âge, des oncles et tantes est important. Surtout à cet âge.
Je reste à croire que la sagesse l'emportera un jour. De mon côté, je suis enfant unique. Ce qui diminue la potentialité familiale.
Nous sommes donc repartis de chez la sœur en direction de la Hollande. Ma mère et son compagnon nous attendaient avec impatience. Ils connaissaient déjà Antoine pour nous avoir rendu visite en Martinique deux ans auparavant.
Mémé et Pépé agissaient en véritables grands-parents. Tout le temps que nous restâmes chez eux, ils prirent grand soin de nos enfants. Il n'y a eu ni remarques, ni jugements envers nous.
Qu'à cela ne tienne, nos enfants étaient désormais leurs petits enfants.
Après avoir visité d'autres membres de la famille, nous avons fait un tour dans le nord du Pays.
Nous sommes restés quelques jours sur un camping à la ferme. La spécialité de notre fermier, c'était l'élevage et le fumage des anguilles. L'anguille consommée en Hollande n'est en général pas plus épaisse qu'un doigt. Après en avoir ôté la tête, on la déshabille

de sa peau et on déguste à passer des morceaux entre les dents pour séparer la chair d'avec l'arrête centrale. C'est une délicatesse ! Puis si l'occasion se présente, et si on n'a plus rien d'autre à faire, on boit du genièvre du pays, un alcool de grains un peu comme la vodka.
L'anguille est pourvue de chair grasse. Le mélange avec un alcool sec est festif à tout point de vue.
C'est par la digue de séparation reliant dans le nord du pays, les provinces de la Frise et la Hollande du Nord, puis en passant par Amsterdam et Utrecht que nous nous sommes à nouveau arrêtés chez ma mère pour une journée et une nuit.
Les enfants avaient voulu revoir encore une fois leur « Oma », mémé, avant de repartir loin. Notre camping-car était loué pour trois semaines. L'avion était prévu pour une date fixe.
Il fallait partir. Personne n'en avait vraiment envie. Après une halte en Belgique, nous étions de retour à Paris-Orly. Il n'y avait plus qu'à rendre le camping-car et prendre l'avion pour retourner à la Martinique.

Depuis la conception de notre famille, nous avions décidé d'agir normalement, de ne pas chercher l'exception et de mettre de côté le mot adoption. Nous formions une famille comme tant d'autres. Point barre.
Malheureusement, nous étions les seuls à penser comme cela. Bien sûr, il n'était pas question de camoufler la réalité :
des parents blancs de quatre enfants noirs. C'était surréaliste et pas naturel pour beaucoup. Surtout dans un pays avec une population de quatre-vingt quinze pour cent de couleur.
Le directeur d'école, que je connaissais d'ailleurs personnellement par le biais d'une association sportive dont nous étions tous deux dirigeants, m'avait déclaré en public, je cite :
- Pour élever des nègres, il faut être nègre soi-même.

D'autres, nous arrêtaient pour nous bénir :
- Que Dieux vous bénisse pour votre acte humanitaire. J'avais beau dire que le fait d'avoir des enfants n'a aucun rapport avec des actes humanitaires. Avoir des enfants c'est une question d'amour, ou au pire un accident ou un oubli lors de la conception.
Pour nous, en tout cas c'est un acte d'amour partagé. Personne ne nous avait obligé d'adopter de force. Bref, nous voulions être des

parents comme d'autres, et que nos enfants puissent s'épanouir dans la sérénité.
En vérité, il n'y avait pas un jour où nous n'étions pas épiés, surveillés, commentés ou critiqués. Même les gens soi-disant bienveillants, se bornaient à nous envahir avec des conseils non-appropriés.
Je me souviens qu'après avoir fait une belle bêtise, comme tout garçon de son âge, Roman s'était fait gronder par sa mère.
Il avait peur de se faire administrer une grosse claque comme dans sa famille d'accueil. Sa mère n'avait nullement l'intention de distribuer des claques.
Roman hurlait dès que nous élevions un peu la voix. Un quart d'heure après que Mary-Tine ait grondé son fils, les gendarmes étaient devant la porte. Pourtant nous vivions à cette époque à Macabou, un hameau avec quelques dizaines d'habitants, à environ dix km de la gendarmerie. Un de nos rares voisins avait entendu des bruits et comme il nous suspectait d'exploiter les enfants pour le travail dans le jardin ou de profiter de la manne des allocations familiales, il avait averti les gendarmes.
Il est certain que si nous étions les vrais parents de la couleur de nos enfants, la situation aurait été différente. Dans ce cas, il s'en serait moqué totalement.
Roman avait cinq ans et demi. Il s'était calmé assez rapidement après que sa mère lui ait expliqué qu'il n'y avait rien à craindre. Qu'elle était sa mère et qu'elle aimait beaucoup son fils. Mais qu'elle n'aimait pas les bêtises de son fils. Quand les deux gendarmes sont sortis de leur véhicule, Roman était assis sur les genoux de sa maman en train de faire un câlin.
Les braves fonctionnaires ayant compris la situation, nous ont fait l'amitié de boire un café avec nous.
Une autre fois, dans notre maison à Rivière Pilote, nous avons eu droit à la visite d'une assistante sociale de la commune, qui était aussi la sœur du propriétaire.
Ayant fait louer la maison par l'intermédiaire d'une agence immobilière, il ne nous connaissait pas personnellement. Au moment de l'établissement du contrat, il était à Paris. C'est quelques semaines plus tard, à son retour à la Martinique, qu'il a su qui nous étions. Un couple de métros avec quatre enfants de couleur martiniquais. La curiosité et la lâcheté de ne pas venir lui-même,

l'ont conduit sans doute à demander à sa sœur de mener une enquête. Nous l'avons faite entrer. Elle s'est immédiatement permis d'ouvrir le réfrigérateur pour voir si nous nourrissions bien les enfants, elle a passé ses doigts à certains endroits pour voir si la maison était bien tenue et propre. Elle s'était même mise à genoux pour regarder sous les lits !
Elle posait des questions bien embarrassantes aux enfants sur lesquelles ils n'avaient pas de réponse. C'en était trop. Les enfants étaient en pleurs et en panique.
Emilie et Roman, nos plus grands croyaient qu'ils devraient repartir chez Madame Futile.
Je l'ai mise à la porte. Et comme la visite ne pouvait pas avoir un caractère officiel, nous n'avons pas eu de suite.
Cet incident n'empêchait pas que j'ai reçu des menaces en tant que « mâle venu d'ailleurs» :
- Non seulement, tu nous exploites ou tu nous piques notre travail, tu baises nos femmes (?) et maintenant, tu nous voles aussi nos enfants !
Ces phrases pleines de haine, on me les jetait à la figure comme un acte de racisme avec des mots que je n'avais même pas dans mon vocabulaire personnel.
A l'école, les autres enfants n'étaient pas tendres avec les nôtres. Les parents curieux de savoir, transformaient leurs enfants en détective pour savoir comment nous vivions.
Ils n'avaient pas de copains ou peu. Je ne me souviens pas qu'un seul camarade soit venu chez nous pour savoir si l'un ou l'autre pouvait venir jouer. Pourtant, nous vivions dans les environs directs de l'école.
Sauf pour le club de Judo, dont la salle d'entraînement était à quelques dizaines de mètres. Le professeur de judo était un monsieur bien. Il éduquait en même temps que son art, les règles de respect envers son prochain. Il prenait le temps de parler « vrai » aux enfants.
Pour les plus petits, le début fut plus facile. La journée, selon les besoins et à la carte, ils étaient gardés dans une crèche privée. Les responsables se gardèrent bien de faire un commentaire, puisque avant tout, nous étions des clients avec un portefeuille.
Nos amis, et il y en avait, étaient devenus de plus en plus rares. Inviter une famille nombreuse avec des enfants encore en bas âge

pouvait secouer leur petite vie tranquille. Puis va savoir d'où ils venaient, ces enfants ? Ne dit-on pas, que la pomme ne tombe jamais loin de l'arbre?
Même au sein du personnel de notre entreprise il y avait comme un malaise. Surtout parmi les hommes. Pourtant deux d'entre eux furent embauchés avec une activité sur mesure pour leur permettre de s'éclater sur un terrain de foot.
Leur mépris avait gagné du terrain. Mépris engendré par des mensonges. Il est plus facile de parler mal que de parler bien. Casser du sucre sur quelqu'un est jouissif.
A partir de ce moment et peut-être aussi parce que j'étais moins disponible, voulant consacrer suffisamment de temps à ma famille, les mensonges allaient bon train. Ils ne venaient pas au travail en prétextant que la voiture (de service) ne pouvait pas démarrer devant leur domicile. Mais je ne devais pas m'en inquiéter.
- On s'en occupe, puis on viendra plus tard.
En réalité, il n'y avait rien du tout. Ils avaient simplement besoin de la camionnette pour faire un « job » ailleurs ou chercher quelques sacs de ciment et des parpaings pour le beau-frère qui construisait sa maison lui-même.
Puis il y avait le détournement des fonds, l'encaissement des factures en espèces. Espèces qu'on oubliait de transmettre à l'entreprise. Nous avions bonne mine quand nous réclamions par courrier au ton ferme le règlement de nos factures ! Un autre, détaché à la Guadeloupe, avait entrepris de travailler pour lui-même, mais avec l'infrastructure, le matériel et le véhicule que nous lui avions fournis.
Les affaires n'allaient plus comme avant et pour cause. Les plaintes déposées auprès de la justice ont été mises au rebut sans suite. Faire des vagues avec la population locale n'était pas encore à l'ordre du jour. Un magistrat me le faisait comprendre lors d'un entretien privé, c'est-à-dire non officiel et entre quatre yeux :
- Si vous n'êtes pas satisfaits, rien et personne ne vous empêche de repartir en métropole.
Nous perdions des clients, même certains métropolitains nous regardaient avec étonnement. Nos problèmes internes avec notre personnel n'étaient pas une bonne publicité.
Parfois, je me demandais si nous n'étions pas en train de payer la facture de notre vie. Le bonheur serait-il vraiment payant ?
Pour que nos enfants mangent le moins souvent à la cantine, je

m'étais libéré autant que je le pouvais pour aller déjeuner avec eux. Les deux petits étaient gardés en crèche pour la journée.

Mary-Tine était souvent en tournée de clientèle. Nous avions pris nos quartiers dans un restaurant-pizzeria, pieds dans l'eau. Cela ne veut pas dire que tu manges en prenant un bain de pieds, mais qu'entre le restaurant et la mer, il n'y a que la plage ou directement la mer à quelques mètres. Le restaurant était partiellement construit sur des pilotis enfoncés dans le fond de la baie du Marin. Il n'y avait que peu d'eau à cet endroit, mais à travers le plancher tu pouvais voir des petits poissons nager.

Les pizzas étaient succulentes, la musique agréable et les enfants heureux. Ils n'étaient pas harcelés par des camarades et le personnel de la cantine pour satisfaire leur soif de tout savoir et de tout commenter.

Et comme ma fille était assez rebelle, elle évita pas mal de punitions inutiles. Nous avions éliminé toute activité en dehors de l'activité téléphonique. Seules nos collaboratrices télé-secrétaires étaient encore en activité. La rentabilité était en baisse, nous perdions des clients et notamment l'un des plus importants qui représentait quasi vingt pour cent de notre chiffre d'affaires.

Notre local était partagé pour des raisons économiques avec une entreprise d'imprimerie numérique et écritures comptables tenue par un couple. Très vite la dame exprimait le désir de reprendre notre activité.

Certaines têtes brûlées et mal organisées, se donnaient le vilain plaisir, de nous passer des coups de téléphone, pour nous faire la promesse d'avoir notre peau. Les enfants étaient mis à l'écart et considérés comme «hors norme ». Pour nous le seau de tolérance était plein.

Les autres dirigeants du club de foot, dont j'ai été N° trois dans la hiérarchie, suivis par un certain nombre de joueurs, m'ont également fait comprendre que je n'étais plus le bienvenu. C'est vrai, avec la réduction de nos activités, le bénéfice de mon entreprise était en baisse. Les subventions et autres petits cadeaux au club aussi.

D'habitude, lors d'un match extérieur, il suffisait d'entrer au stade avec les joueurs, pour y assister. Faut il encore arriver en même temps, c'est-à-dire, être dans le bus. Normalement, il était d'usage que les dirigeants aient libre accès à toutes les rencontres de foot dont leur équipe participait. Il suffisait de montrer la carte de

dirigeant, munie de sa photo.
Bien sûr, je pouvais rentrer au stade. Mais pas avant d'avoir vérifié ma carte d'identité, signature et photo.
Dans certains cas, cela pouvait s'allonger à trente minutes. Pour l'éviter, ces derniers temps, j'achetais comme tout le monde mon ticket d'entrée pour voir jouer l'équipe que je dirigeais.
Il y en avait plusieurs d'histoires comme, ça. Que cela soit dans la vie associative ou en dehors. Accumulées, ces histoires se tricotaient en difficulté majeure.
La décision fut rapidement prise. Dix ans après notre arrivée en Martinique, nous entamions le chemin inverse. Mais cette fois-ci, nous étions six !
L'activité était abandonnée à nos colocataires avec la promesse de ne pas licencier nos filles, de maintenir leur ancienneté et ceci pendant au minimum deux ans. Ce qui fut.
Nous arrivâmes en métropole à la mi-juillet. Nous avions fait mine d'être contents d'être de retour. Le départ plus ou moins forcé de cette île que j'avais appris à aimer me restera encore longtemps en travers de la gorge. En plus, les enfants ont été arrachés de leur terre d'origine.

Le retour

Nous avions loué une maison par internet dans le Pas-de-Calais. Mary-tine avait préféré cette région. Elle y avait beaucoup de souvenirs de jeunesse. Sa mère en était originaire.
Notre maison, que nous avions vue seulement sur une photographie, était située légèrement en retrait du bord de la route nationale, à la sortie de la ville. La maison se trouvait sur un parking, contiguë à des bâtiments servant de hangar et à un grossiste de fleurs et de plantes. Avec la photo prise de face, nous ne pouvions malheureusement pas deviner.
Le propriétaire pour quand même nous garder, nous n'avions pas discuté sur le montant du loyer, nous avait proposé un bout de verger avec des prunes, poires et pommes.
J'ai bien fait une tentative de créer une activité indépendante. Mais la frite et les moyens n'y étaient plus.

En plus, nous n'avions pas tellement envie de rester dans cette grande maison. Le premier hiver, nous avions brûle trois mille litres de fuel pour nous chauffer en moins de deux mois. Les fenêtres n'étaient pas doublées, et pire, il y avait des trous dans les boiseries bouchés avec du papier journal.
La chaleur des radiateurs s'échappait à toute allure. L'été suivant le hangar vide était loué à une société de grande surface de produits agricoles connue. Le bâtiment était suffisamment grand pour faire commerce au détail.
Le verger qui n'apparaissait pas dans notre contrat de location était transformé en parking sans nous le demander.
Notre emplacement couvert pour la voiture, éliminé. Et puis si on n'était pas content, rien ne nous empêchait de partir. D'ailleurs, le gérant de la surface était intéressé de louer la maison pour y installer des bureaux et le gardien. Fatigués de se battre contre des moulins à vent, puis ne voulant pas entamer un nouvel hiver avec les fenêtres et des trous, nous acceptâmes de partir.
C'est par internet encore une fois que nous avons trouvé notre demeure en Franche-Comté. Simplement parce que les loyers sont bien moins cher ….

J'ai cessé de travailler à environ huit mois de notre départ de la Martinique. D'abord, la préretraite et aujourd'hui la retraite. La différence s'exprime en expressions, le résultat pécuniaire est le même.
Le budget du ménage a donc été réduit au strict minimum. A six, cela ne fait pas large.
Pendant notre séjour dans le Pas-de-Calais, nous avons rencontré Jules Mandrier. Jules était agent d'assurances. C'est en franchissant sa porte pour obtenir une simple assurance, que j'ai gagné un ami. Jules a l'âge d'être mon fils. Cela m'aurait bien plu. Jules est un cadeau du ciel, il m'a montré que le bonheur est simple. Simple comme une poignée de main. Simple comme l'amitié.
Il a déménagé comme nous, lui dans le sud et nous à l'est. Cela fait huit années que nous ne nous sommes pas vus.
Pourtant, c'était comme hier. A distance, nous avions fait quelques tentatives créatives dans ce qu'on appelle à ce jour « la nouvelle technologie ». Et comme l'argent, c'est le nerf de la guerre, notre projet de site Web à été mis au placard faute d'investisseurs dans

notre « start-up ». Jules a perdu des sous et moi, des mois de travail pour rien. Ce qui est resté, c'est notre amitié.

Nos enfants surtout, et par extension nous aussi, ont encore souffert du mépris et de l'ignorance de nos co-citoyens, mais cela s'est beaucoup arrangé. D'abord, l'accueil dans notre village, la curiosité malsaine de vouloir savoir plus sur cette famille avec quatre enfants noirs, dont les parents ne travaillent pas. C'est peut-être une famille d'accueil et ils gagnent leur vie à élever les enfants des autres.

Mais quand même, les enfants disent que ce sont leurs parents, leur maman et leur papa … Comment est-ce possible ? C'est quoi comme trafic ? Et puis des étrangers, des « blacks » … Quand même, ce n'est pas sérieux et convenable.

A l'école, le traitement n'était pas mieux. La mise à l'écart systématique de nos enfants surtout en primaire était monnaie courante. Il y avait des réunions en notre absence pour débattre du cas de nos enfants.

Ma fille de huit ans qui avait échangé sa trousse scolaire à la demande de sa copine, se trouvait accusée de vol. La copine n'étant pas assez courageuse de dire la vérité. Ou bien, on ne la lui a jamais demandée.

Cet adjoint au maire d'un des villages des alentours dont le fils était scolarisé dans la même école, qui abusait de son titre d'élu pour écrire à des fins personnelles à l'inspection d'académie pour obtenir une enquête. Ces parents qui exigeaient de l'institutrice de demander une pièce d'identité des enfants pour voir s'ils avaient des papiers…

Suite à ces plaintes totalement indignes, le procureur dépêcha les services sociaux pour venir voir ce qui se passe.

L'assistante sociale chargée de l'enquête avait immédiatement compris, elle considérait la situation comme un acte de harcèlement. Son rapport fut rédigé en conséquence. Le maire titulaire du village de l'adjoint parent d'élève se bornait en excuses. Notre maire le suivait.

Dans notre village, il y avait une inscription peinte sur un mur avec « sales nègres dehors » et dans le bus scolaire, on jetait des grains de riz sur ma grande fille avec :
- Voici, c'est bon pour toi ! Manges !

Les services sociaux ont essayé d'atténuer la souffrance en envoyant gratuitement les enfants pendant quelques semaines au bord de mer en vacances. Histoire d'oublier.

Le Maire avait fait distribuer une circulaire avec mise en garde de dépôt de plainte. L'institutrice de l'école a été mutée.

Les enfants se sont faits des copines et des copains. La jeunesse est moins compliquée.

Cette année, ça fera quatre ans, que Ronnie est enfin venu me voir. Sa mère Clara avait trouvé mes coordonnées sur internet.

Nous avons échangé des courriels et organisé une rencontre en Hollande. Nous nous sommes revus pour la première fois depuis près de quarante années. Nous étions heureux de nous voir, malgré le constat que nos vies si entremêlées avaient été démêlées par le temps. Après avoir évoqué des souvenirs, nous avons parlé de Ronnie notre fils commun. Le fils, pour qui le destin avait trouvé un autre père que moi.

Il avait exprimé le désir de me rencontrer. Mais pas en présence de sa mère. Il préférait me voir dans l'environnement de ma vie actuelle. Rencontrer mes enfants, ma femme.

Il est venu deux mois plus tard avec sa compagne. C'était la deuxième fois que je le voyais. Il est devenu un homme du haut de ses presque quarante années. Nous avons parlé. Parler du passé, du présent et de l'avenir. Il me disait être et de se sentir un peu mon fils. Il me disait que ce serait difficile de se libérer d'une sorte d'étau. Il sait que son père n'était pas son père, il sait aussi que son père original n'était pas non plus son père. Je lui ai dit qu'il devrait suivre son cœur, il n'y avait pas lieu d'écouter les autres.

Ils sont restés une bonne semaine. Une fois discuté notre histoire commune, Il n'avait plus grand chose à nous dire. Que dire à un homme de presque quarante ans, un étranger en vérité, même s'il est mon fils. Je n'ai pas vu grandir, je ne l'ai pas accompagné dans ses chemins pour devenir un homme. Il est parti en me promettant de garder contact et de revenir vite. C'était un peu comme on dit souvent :

- On se téléphone ? Sachant bien, que plus personne ne téléphone, sauf peut être pour les anniversaires et encore …

Aujourd'hui il n'est toujours pas revenu. Je sais qu'il s'est marié avec sa compagne, que son père est décédé, qu'il a déménagé et que je ne connais pas son adresse. D'ailleurs, je ne cherche plus. Lui sait où j'habite.

Kruzdlo, Yvon, et les autres

C'est dans un village voisin que j'ai rencontré Robert Kruzdlo.
Robert, un hollandais comme moi, est artiste peintre. Il vit de son art.
Il avait installé son atelier pendant quelques années dans ce village pour avoir de la tranquillité, comme il disait.
Robert a bien son style à lui, des visages parfois durs, mais avec une vision profonde. Il peignait selon lui, l'âme de son

Auto portrait de Robert Kruzdlo. Visible en couleurs sur:
http://robertokruzdlo.wordpress.com

modèle. Même le peu de paysages et autres natures mortes que j'ai pu voir, étaient dans le constant de son art. Il me rendait visite à la maison et m'encouragea à reprendre mes pinceaux. Venant de lui,

c'était un compliment. Je me suis
remis au boulot.

Robert vivait seul. Sa femme et ses enfants restaient en Hollande et venaient pour les vacances scolaires. Il y avait souvent du monde chez lui. La bouteille, mais aussi le café étaient sur la table. Histoire de refaire et défaire le monde. Robert aimait le vin, il préférait une bonne bouteille à une tranche de jambon. Sa vie se constituait ainsi de vin, de pain et d'amitié. Je l'aimais bien, quoique parfois, il était un peu collant. C'est par son intermédiaire que j'ai rencontré Yvon.

Yvon est peintre amateur passionné, et projetait d'organiser une exposition dans l'église de son village. Intéressé par mon style, il me proposa de me joindre à lui et d'autres amateurs. C'est vrai, mon art dénotait totalement.

C'est ainsi que j'avais le plaisir de pouvoir exposer mes toiles et panneaux parmi les paysages, portraits et autres sujets de mes camarades. L'événement fut un succès. J'avais même vendu quelques tableaux.

Ce qui comptait le plus pour moi, que mes œuvres fussent appréciées par les visiteurs. C'est vrai aussi, qu'il y avait pas mal de touristes, des gens venant d'ailleurs. Nul n'est prophète dans son pays !

Nous avions remis ça trois fois. Malheureusement, la fréquentation était en baisse. Il n'y a pas eu de suite. Je crois que le public se lassait un peu, c'étaient toujours les mêmes qui exposaient. Il fallait du sang neuf, les camarades n'ont pas voulu.

L'association s'éclata, l'aventure était terminée.

Robert avait également quitté son atelier dans son village, pour retourner à Maastricht, rejoindre sa famille. Je me suis laissé dire qu'il a maintenant un atelier à Liège en Belgique. Liège est à environ trente cinq km de Maastricht, son domicile. C'est plus commode.

Ötsie

Si je me souviens bien, elle s'appelait Jeanne. Sa peau avait la même couleur que ses fringues. Je pense qu'elle avait décidé de ne les plus enlever que pour des grandes occasions comme Noël.

Mon "cousin" Ötsie !

Jeanne était éleveuse de chiens. Au moins, elle le prétendait d'être. Dans sa cuisine, qui lui servait également de bureau et chenil, il y avait cinq caniches géants avec une odeur plus que redoutable. Ils pataugeaient joyeuse-ment dans leurs excréments.

Elle hébergeait vaguement un compagnon de fortune, un pauvre bougre ne sachant pas où aller et assurément dépourvu de capter quelconque odorat.

J'ai rencontré Jeanne suite à une annonce dans un gratuit de petites annonces local, proposant un chien type colley à donner.

C'était pour mon anniversaire. J'avais lourdement insisté auprès de Mary-Tine, qui n'était pas tout à fait favorable à l'idée de chercher un chien, sauf de croire qu'il m'aiderait à marcher et marcher encore. J'avais besoin de faire des exercises pour le bien-être de mon dos.

Après un coup de fil, nous visitâmes Jeanne pour voir le chien.

C'était très difficile, nous étions même décidés de faire demi-tour. D'autant plus que nous n'avions pas vu un colley. Seuls des caniches géants et noirs nous regardèrent avec un regard absent.

Elle nous fit comprendre que le chien en question était dehors dans un enclos spécialement aménagé pour lui.

En effet elle l'avait acheté il y a quelques mois dans un chenil spécialisé dans cette race. Le but étant, une fois adulte d'accepter une chienne pour que les choses se fassent pour avoir une rémunération ou un chiot de race et de pouvoir le vendre.

Le problème était que le chien n'avait pas la hauteur réglementaire pour être confirmé dans les annales de LOF.

D'autre part, aucun propriétaire n'a voulu laisser sa chienne dans cet environnement hautement insalubre.

Nous voyant assez intéressés elle s'adressa à nous :
- C'est une pure race !
- Ah bon …
- Il est vacciné par son éleveur !
- Vraiment ?
- Il a ses papiers, regardez...
J'ai pris les papiers. Effectivement le chien avait son arbre généalogique mentionné dans le livret.
Mary-Tine avait pris le chien pour aller sur l'herbe en dehors de la cabane. Elle était visiblement séduite par son regard. Le chien supplia « au secours, sortez-moi d'ici »
Je m'adressais à Jeanne :
- C'est d'accord nous le prenons. Vous avez dit dans l'annonce que vous le donneriez ?
- Eh, oui, je le donne, mais j'aimerai que vous m'aidez un peu à contribuer aux frais que j'ai eus à supporter.
- Et c'est combien notre contribution ?
- Je pense, qu'avec 100 euros je ne vous volerai pas !
J'avais pas envie de discuter. Je lui donnai 100 euros et nous partîmes avec le chien.
Quatre lavages avec un shampoing désodorisant et désinfectant plus loin, le chien fut baptisé Ötsie en lieu et place de son nom à tendance de fausse noblesse citée dans son livret.
En très peu de temps il a su prendre sa place dans ma petite famille. D'ailleurs je le considère comme mon « cousin éloigné ».
Ne sommes nous pas tous issus d'un même germe depuis l'apparition de la vie sur terre ?

Vivre

Au clair de la lune on brise le jour en forçant la nuit
Et en sautant les brumes du matin fertilisant les plaines
De la force de nos veines de l'amour.

Constituant l'aubade de la veille créant ainsi l'espoir de la vie
De demain

Lamontgie, Auvergne 1983

Erectus

Gloire à toi, illustre ancêtre
Que l'honneur de ma famille
Te vénère en maître
Et que nous soyons dignes
De tes exploits
Néandertaliens ou homo sapiens
Chinois ou pigmentaires
Africains ou Canadiens
Américains ou Sans Manières
Ou bien d'autres malins
Regarde bien ton portrait
C'est que t'es le cousin
De ton voisin.

Rivière Pilote, Martinique 1997

Mémo

à la mémoire
de ma mère et de mon beau père, décédés en 2011

à l'espoir
de mon petit fils né en juillet 2011

Du même auteur :

Des mots en cafouille I
Histoires courtes
Edition BOD – juin 2013
ISBN : 978 232 203 0 149

à paraître :

Des mots en cafouille III
Histoires courtes
Edition BOD – septembre 2013
ISBN : 978 232 203 2 822

Internet, courriel :

http:/www.vandenheuvel.fr

Mise à jour à Fontaine les Luxeuil, le 10 août 2013